工会劳动保护工作十讲

任国友◎主编

中国工人出版社

前　言

PREFACE

2020 年 11 月 11 日，中华全国总工会办公厅印发《关于加强工会劳动保护工作的意见》，其指出工会劳动保护工作是法律赋予工会组织维护职工安全健康权益的一项重要职责，是工会工作的一项重要任务，在国家安全生产和职业病防治工作中发挥着重要作用。

工会劳动保护是指工会根据法律赋予的职权，监督企业和有关方面贯彻国家有关劳动安全卫生的法律法规，发动职工群众参与安全生产和职业病防治工作，督促企业不断改善劳动条件，维护职工在生产劳动过程中的安全与健康合法权益。这是国家法律赋予工会的一项极为重要的职责，也是我国工会工作的重要组成部分。

同时，中国工会十八大报告中，也提出了完善工会劳动保护监督机制，加强安全生产和职业健康工作，深化“安康杯”竞赛等群众性安全生产活动等内容。

本书依据中国工会十八大最新精神要求，重点介绍工会劳动保护的十项核心内容，即工会与劳动保护制度、安全生产监督、事故调查监督、隐患排查、教育培训、班组建设、劳动和技能竞赛、职业病防治监督、工伤保险监督及劳动保护工作实践。全书共分十讲，各讲主要内容简介如下：

第一讲主要讲述工会与劳动保护制度（由任国友编写），介绍了涉及职工最低工资、工时、休息休假、延长工作时间等劳动基准制度、劳动保护制度和工会劳动保护监督制度。

第二讲主要讲述工会与安全生产监督（由胡广霞编写），介绍了工会参与安全生产监督的工作流程和工会参与安全生产监督的基本内容。

第三讲主要讲述工会与事故调查监督（由胡广霞编写），介绍了工会参与事故调查的监督职责，工会参与事故调查的工作流程和工会参与事故调查的基本内容。

第四讲主要讲述工会与隐患排查（由孙贵磊编写），介绍了工会组织职工开展隐患排查的基本职责，工会组织职工开展隐患排查的工作流程和工会组织职工开展隐患排查的基本内容。

第五讲主要讲述工会与教育培训（由孙贵磊编写），介绍了工会组织职工教育培训的基本职责，工会组织职工教育培训的工作流程和工会组织职工教育培训的基本内容。

第六讲主要讲述工会与班组建设（由杨鑫刚编写），介绍了工会组织班组建设的基本职责，工会组织班组建设的基本流程和工会组织班组建设的基本内容。

第七讲主要讲述工会与劳动和技能竞赛（由杨鑫刚编写），介绍了工会组织劳动和技能竞赛的基本职责，工会组织劳动和技能竞赛的基本流程以及工会组织劳动和技能竞赛的基本内容。

第八讲主要讲述工会与职业病防治监督（由窦培谦编写），介绍了工会参与职业病防治的监督职责，工会参与职业病防治监督的基本流程和工会参与职业病防治监督的基本内容。

第九讲主要讲述工会与工伤保险监督（由窦培谦编写），介绍了工会参与工伤保险的监督职责，职工工伤保险认定的基本流程和职工工伤保险待遇的基本内容。

第十讲主要讲述工会与劳动保护工作实践（由任国友编写），介绍了工会开展基层工具包推广、“安康杯”竞赛和工会劳动保护监督检查的实践做法。

本书的部分内容为中国劳动关系学院2021年校级教育教学改革项目“劳动素养评估视角下的安全工程专业劳动教育改革与实践”（项目编号：JG2124）的阶段性成果。

本书的编写只是工会劳动保护理论与实践的初步总结，难免存在疏漏、不足之处，敬请读者多提宝贵意见。

任国友

2024年10月25日

目 录

CONTENTS

第一讲

工会与劳动保护制度

本讲要点

1. 了解劳动基准制度、主要内容，一般劳动保护以及特殊劳动保护规定。

2. 理解工会劳动保护监督检查员、委员会职责，工会小组劳动保护检查员职责。

3. 掌握工作时间的概念及工作周、工作日制度、休息休假、延长工作时间制度以及工会劳动保护监督制度。

引导案例

每周平均工作49小时，我们为什么越来越累

2024年1月17日，国家统计局发布的数据显示，全国企业就业人员周平均工作时间为49小时。每周工作49小时是什么概念？一周工作5天，每天工作约10小时，一周6天，每天工作约8小时。不管怎么算都不是“每日工作时间不超过八小时、平均每周工作时间不超过四十四小时”的标准工时。由此可见，加班现象依旧严重，在当下抨击内卷的时代，工作时长却出现违和的数字，这当中的割裂和矛盾，需要我们正视和深思。

国家统计局数据显示，2015年以来，全国企业就业人员周平均工作时间（下称周平均工时）逐步上涨，2023年的49小时周平均工时为近20年新高。此外，工作时长增速也在加快：2015—2020年，周平均工时增幅为1.5小时，2020—2023年，增幅为2小时，以每年52个工作周计算，相当于2020—2023年个人工作时长增加了13天（8小时工作制）。

进入2024年，这一趋势并未得到缓解，甚至有进一步上扬的趋势。7月15日，国家统计局发布的数据显示，2024年6月周平均工时为48.6小时，为近6年同期次高，比2019年同期上涨2.9小时，超过“六天八小时”工作制。此外，2024年1月、2月以及5月的周平均工时均为最近6年同期新高。

《2021年中国一线城市出行平台调研报告》显示，网约车司机每日平均工作时间为11.05小时，每周平均出车时间为6.45天。《社会蓝皮书：2022年中国社会形势分析与预测》也显示，网约配送员、网络主播、网络文学写手等新业态青年平均每周工作6天，每天工作近9小时。值得注意的是，外卖员、快递员、网约车司机等灵活就业群体并不被归类为企业职工范畴，因此他们的工时数据并未纳入全国性的周平均工时统计之中。但是，这一庞大的灵活就业群体往往通过延长工作时间来增加收入，以应对生活成本逐渐升

高的需求。

案例思考

（1）当下“汗水型”经济背景下，如何改变广大职工每周工作时长 49 小时的状况？

（2）8 小时工作时间与加班加点矛盾吗？现行劳动基准制度如何规范企业加班行为？

（3）长期的工作会给广大职工健康带来重要影响，各级工会组织如何行动起来开展劳动保护监督？

第一节　劳动基准制度

一、什么是劳动基准制度

劳动基准是从英文“Labor Standard”翻译而来的，最早见于 1938 年美国的 *Fair Labor Standard Act*。当前，国内主流劳动法教材对劳动基准的概念界定为“劳动基准法是关于工资、工时和职业安全卫生等劳动条件和劳动待遇的最低标准的法律规范的总称”。劳动基准，即法定最低劳动标准，是指劳动者在劳动关系中所得劳动条件的最低法定标准。

劳动基准包含两个含义：第一，有明确的劳动条件，一般是指为了保障劳动者实现其劳动过程，用人单位为其提供的各项保护措施和办法；第二，劳动条件有最低标准，是指为了保障劳动者最起码的劳动条件而规定的最低限度的措施和要求。

二、劳动基准的主要内容

劳动基准是雇佣者在雇用劳动者为其提供劳动的过程中所应当遵守的根

本性标准，劳动基准规范的内容应当是底线型的劳动标准。劳动基准是国家以强制性规范规定的关于工资、工时、休息休假、劳动安全卫生、女职工和未成年工特殊保护等方面的最低劳动标准，在全国范围内为劳动者权益划定一条不可逾越的底线（下限），以限制劳动关系双方的契约自由，保障劳动者应当享有的最低限度的劳动权益的一项法律制度。

劳动基准的主要内容包括工资、工时、休息休假、劳动安全卫生、女职工和未成年工特殊劳动保护制度。

（一）工资制度

1. 什么是工资

工资是指企业、事业、机关、团体等用人单位按照劳动者劳动的数量和质量，以货币形式支付的劳动报酬。一般包括计时工资、计件工资、奖金、津贴和补贴，延长工作时间的工资报酬以及特殊情况下支付的工资等。工资是劳动者劳动报酬的重要组成部分，是工薪劳动者的基本生活来源。工资是在劳动者完成一定数量和质量的劳动后，按预先规定的绝对数额定期支付的。

2. 工资构成及其形式

根据《国家统计局关于工资总额组成的规定》（国家统计局令〔1990〕第 1 号）的规定，工资总额由下列六个部分组成：计时工资、计件工资、奖金、津贴和补贴、加班加点工资、特殊情况下支付的工资。此外，根据《国家统计局关于工资总额组成的规定》第十一条规定，下列各项不列入工资总额的范围：①根据国务院发布的有关规定颁发的创造发明奖、自然科学奖、科学技术进步奖和支付的合理化建议和技术改进奖以及支付给运动员、教练员的奖金；②有关劳动保险和职工福利方面的各项费用；③有关离休、退休、退职人员待遇的各项支出；④劳动保护的各项支出；⑤稿费、讲课费及其他专门工作报酬；⑥出差伙食补助费、误餐补助、调动工作的旅费和安家费；⑦对自带工具、牲畜来企业工作职工所支付的工具、牲畜等的补偿费用；⑧实行租赁经营单位的承租人的风险性补偿收入；⑨对购买本企业股票和债券的职工所支付的股息（包括股金分红）和利息；⑩劳动合同制职工解除劳动合同时由企业支付的医疗补助费、生活补助费等；⑪因录用临时工而在工资以外向提供劳动力单位支付的手续费或管理费；⑫支付给家庭工人的加工费和按加工订货办法支付给承包单位的发包费用；⑬支付给参加企业劳动的在校学生的补贴；⑭计划生育独生子女补贴。

3. 工资支付保障制度

工资支付是指计量劳动和支付工资的方式。作为独立法人的企业单位，在工资分配上享有充分的自主权。企业工资分配方式和工资水平主要受企业经济效益、劳动生产率和劳动就业供求状况三个方面的因素影响。目前主要实施的工资制度包括企业工资总额管理制度、工资指导线制度、劳动力市场工资指导价位制度、工资集体协商制度和用人单位工资制度。依据《工资支付暂行规定》（劳部发〔1994〕489号）第四条规定，工资支付主要包括工资支付的原则、工资支付水平、工资支付的形式、工资支付对象、工资支付的时间以及特殊情况下的工资支付。

（1）工资支付的原则

工资支付是工资分配的最终环节，其是否合理、合法、真实、准确直接影响劳动者的切身利益，必须依法确定并予以保护。根据我国现行有关法律法规及国际惯例对支付工资办法的有关规定，用人单位支付工资时，应遵循以下原则：现金支付原则、直接支付原则、全额支付原则、按时支付原则、紧急支付原则和简明易懂原则。

（2）工资支付的形式

现行的基本工资支付形式主要有计时工资和计件工资，辅助工资形式主要有奖金和津贴。《工资支付暂行规定》第五条规定，工资应当以法定货币支付。不得以实物及有价证券替代货币支付。第六条规定，用人单位应将工资支付给劳动者本人。劳动者本人因故不能领取工资时，可由其亲属或委托他人代领。用人单位可委托银行代发工资。用人单位必须书面记录支付劳动者工资的数额、时间、领取者的姓名以及签字，并保存两年以上备查。用人单位在支付工资时应向劳动者提供一份其个人的工资清单。

（3）工资支付的时间

《工资支付暂行规定》第七条规定，工资必须在用人单位与劳动者约定的日期支付。如遇节假日或休息日，则应提前在最近的工作日支付。工资至少每月支付一次，实行周、日、小时工资制的可按周、日、小时支付工资。第八条规定，对完成一次性临时劳动或某项具体工作的劳动者，用人单位应按有关协议或合同规定在其完成劳动任务后即支付工资。第九条规定，劳动关系双方依法解除或终止劳动合同时，用人单位应在解除或终止劳动合同时一次付清劳动者工资。

（4）特殊情况下的工资支付

特殊情况下的工资支付是指按照劳动法律、法规等规范性文件或集体合同，在非正常情况下或劳动者暂时离开工作岗位时，对劳动者支付工资的规定。在我国现行劳动法规中主要存在六种情形：一是依法参加社会活动期间的工资支付；二是依法享受休假期间的工资支付；三是非因劳动者原因停工期间工资支付；四是加班加点工资支付；五是企业破产时的工资支付；六是拖欠农民工的工资支付。

4. 最低工资制度

最低工资制度是指对劳动者在法定时间内提供正常劳动的前提下，由其所在单位应支付的最低劳动报酬的法律制度。国家通过立法，实施最低工资保障制度，规定最低工资标准。《最低工资规定》（中华人民共和国劳动和社会保障部令第 21 号）已于 2003 年 12 月 30 日颁布，2004 年 3 月 1 日起施行。

（1）最低工资标准的确定

最低工资标准是指劳动者在法定工作时间或依法签订的劳动合同约定的工作时间内提供了正常劳动的前提下，用人单位依法应支付的最低劳动报酬。确定和调整月最低工资标准，应参考当地就业者及其赡养人口的最低生活费用、城镇居民消费价格指数、职工个人缴纳的社会保险费和住房公积金、职工平均工资、经济发展水平、就业状况等因素。确定和调整小时最低工资标准，应在颁布的月最低工资标准的基础上，考虑单位应缴纳的基本养老保险费和基本医疗保险费因素，同时还应适当考虑非全日制劳动者在工作稳定性、劳动条件和劳动强度、福利等方面与全日制就业人员之间的差异。最低工资标准的确定和调整方案，由省、自治区、直辖市人民政府劳动保障行政部门会同同级工会、企业联合会 / 企业家协会研究拟订，并将拟订的方案报送劳动保障部。方案内容包括最低工资确定和调整的依据、适用范围、拟订标准和说明。劳动保障部在收到拟订方案后，应征求全国总工会、中国企业联合会 / 企业家协会的意见。劳动保障部对方案可以提出修订意见，若在方案收到后 14 日内未提出修订意见的，视为同意。

（2）最低工资标准的适用范围

我国允许各地区根据其具体情况确定最低工资标准，以适应我国幅员辽阔、南北东西各地区的生产、生活水平差异较大的基本情况。我国最低工资的适用范围：在中华人民共和国境内的企业、民办非企业单位、有雇工的个体工商户（以下统称用人单位）和与之形成劳动关系的劳动者。国家机关、事业单位、社会团体和与之建立劳动合同关系的劳动者，依照本规定执行。最低工资标准一般采取月最低工资标准和小时最低工资标准的形式。月最低工资标准适用于全日制就业劳动者，小时最低工资标准适用于非全日制就业劳动者。

（3）最低工资的保障与监督

为了保障用人单位支付给劳动者的工资不低于当地最低工资标准，国家还规定了具体的保障措施。《最低工资规定》第四条规定，县级以上地方人民政府劳动保障行政部门负责对本行政区域内用人单位执行本规定情况进行监督检查。各级工会组织依法对本规定执行情况进行监督，发现用人单位支付劳动者工资违反本规定的，有权要求当地劳动保障行政部门处理。第十一条规定，用人单位应在最低工资标准发布后10日内将该标准向本单位全体劳动者公示。第十二条规定，在劳动者提供正常劳动的情况下，用人单位应支付给劳动者的工资在剔除下列各项以后，不得低于当地最低工资标准：①延长工作时间工资；②中班、夜班、高温、低温、井下、有毒有害等特殊工作环境、条件下的津贴；③法律、法规和国家规定的劳动者福利待遇等。实行计件工资或提成工资等工资形式的用人单位，在科学合理的劳动定额基础上，其支付劳动者的工资不得低于相应的最低工资标准。劳动者由于本人原因造成在法定工作时间内或依法签订的劳动合同约定的工作时间内未提供正常劳动的，不适用于本条规定。

（二）工时制度

1. 什么是工作时间

工作时间，又称劳动时间，劳动法学意义上的工作时间是指法律规定的劳动者在一昼夜或一周内从事劳动或工作的时间。它包括劳动者每日工作的小时数、每周工作的天数和小时数。工作时间一般以小时、日、周、月、季和年为单位进行计算。

工作时间通常具有以下三个典型特征和含义：一是法定的工作时间；二是劳动者履行义务和用人单位计发劳动报酬的时间；三是实际工作时间与从事相关活动时间的总和。

2. 工作时间的种类

（1）工作周。工作周是法律规定劳动者在一周内应该工作的时数。工作周以日历周为计算单位，1年内有52个工作周。工作周的工作天数和工作时间长度由法律规定。根据《国务院关于修改〈国务院关于职工工作时间的规定〉的决定》第三条规定，职工每日工作8小时、每周工作40小时。

（2）工作日。工作日又称劳动日，是指在一昼夜内职工进行工作时间的长度（小时数）。工作日是以日为计算单位的工作时间。工作日是计算出勤率、工资标准、工资定额、工作效率的基础。《中华人民共和国劳动法》（以下简称《劳动法》）第三十六条规定，国家实行劳动者每日工作时间不超过八小时、平均每周工作时间不超过四十四小时的工时制度。为了适应不同的生产、工作需要，《劳动法》规定了标准工作日、计件工作日、缩短工作日、不定时工作日和综合计算工作日。除了上述工作日，还有弹性工作日和非全时工作日，这两种工作日不是我国法律明确规定的。弹性工作日是指在工作周时数不变的前提下，在标准工作日的基础上，按照预先规定的办法，由劳动者个人自行安排工作时间长度的工作日。弹性工作日是标准工作日的转移形式。非全时工作日是指每日或每周少于正常规定的工作时数的工作日，即少于标准工作日或缩短工作时间长度的工作日。非全时工作日是流行于欧美的一种工作制度，主要适用于妇女、老年人、残疾人、退休人员等职业群体。

3. 工时制度

工时制度即工作时间制度，我国目前有三种工作时间制度，即标准工时制、综合计算工时制、不定时工时制。《劳动法》第三十九条规定，企业因生产特点不能实行本法第三十六条、第三十八条规定的，经劳动行政部门批准，可以实行其他工作和休息办法。

4. 延长工作时间的法律规定

延长工作时间也称加班加点，即劳动者根据用人单位的要求，超过法定标准工时进行劳动。加班是指劳动者按照用人单位的要求，在法定节日或周休息日从事生产或工作。加点是指劳动者按照用人单位的要求，在标准工作日以外继续从事生产或工作。

（1）延长工作时间的一般规定

用人单位因生产经营需要，可以延长工作时间，但延长工作时间需要遵守法律规定。一般情况下延长工作时间受以下限制：一是程序限制。用人单位决定加班加点，必须与工会和劳动者协商，征得工会与劳动者的同意。二是时间限制。《劳动法》第四十一条规定，用人单位由于生产经营需要，经与工会和劳动者协商后可以延长工作时间，一般每日不得超过一小时；因特殊原因需要延长工作时间的，在保障劳动者身体健康的条件下延长工作时间每日不得超过三小时，但是每月不得超过三十六小时。

（2）延长工作时间的特殊规定

有下列情形之一的，延长工作时间不受《劳动法》第四十一条的限制：①发生自然灾害、事故或者因其他原因，威胁劳动者生命健康和财产安全，需要紧急处理的；②生产设备、交通运输线路、公共设施发生故障，影响生产和公众利益，必须及时抢修的；③法律、行政法规规定的其他情形。

（三）休息休假制度

1. 什么是休息休假

休息休假是指劳动者在国家规定的法定工作时间外自行支配的时间。休息休假主要包括劳动者每天休息的时数、每周休息的天数、节假日、年休假、探亲假等时间。《中华人民共和国宪法》（以下简称《宪法》）第四十三条规定，中华人民共和国劳动者有休息的权利。国家发展劳动者休息和休养的设施，规定职工的工作时间和休假制度。

2. 休息休假的种类

（1）带薪年休假

带薪年休假是指给职工一年一次的假期。《企业职工带薪年休假实施办法》第三条规定，职工连续工作满 12 个月以上的，享受带薪年休假。《职工带薪年休假条例》第三条规定，职工累计工作已满 1 年不满 10 年的，年休假 5 天；已满 10 年不满 20 年的，年休假 10 天；已满 20 年的，年休假 15 天。

（2）婚假

婚假是指劳动者本人结婚依法享受的假期。婚假是劳动者结婚时给予的假期，并由用人单位如数支付工资，这是对劳动者的精神抚慰，体现了政府对劳动者的福利政策，也是对其权益的保护，对于调动劳动者的积极性具有重要意义。《中华人民共和国人口与计划生育法》（以下简称《人口与计划生育法》）第二十五条规定，符合法律、法规规定生育子女的夫妻，可以获得延长生育假的奖励或者其他福利待遇。

（3）丧假

丧假是职工因有丧事而请的假。《劳动法》第五十一条规定，劳动者在法定休假日和婚丧假期间以及依法参加社会活动期间，用人单位应当依法支付工资。

（4）病假

病假是指劳动者本人因患病或非因工负伤，需要停止工作医疗时，企业应该根据劳动者本人实际参加工作年限和在本单位工作年限，给予一定的医疗假期。《企业职工患病或非因工负伤医疗期规定》第三条规定，企业职工因患病或非因工负伤，需要停止工作医疗时，根据本人实际参加工作年限和在本单位工作年限，给予三个月到二十四个月的医疗期：①实际工作年限十年以下的，在本单位工作年限五年以下的为三个月；五年以上的为六个月。②实际工作年限十年以上的，在本单位工作年限五年以下的为六个月；五年以上十年以下的为九个月；十年以上十五年以下的为十二个月；十五年以上二十年以下的为十八个月；二十年以上的为二十四个月。

（5）产假

产假是指在职妇女产期前后的休假待遇。《女职工劳动保护特别规定》第七条规定，女职工生育享受 98 天产假，其中产前可以休假 15 天；难产的，应增加产假 15 天；生育多胞胎的，每多生育 1 个婴儿，增加产假 15 天。女职工怀孕未满 4 个月流产的，享受 15 天产假；怀孕满 4 个月流产的，享受 42 天产假。

3. 休息休假制度

休息休假制度是为保障职工享有休息权而实行的定期休假的制度。根据

《劳动法》规定，现行休息休假制度包括的内容有公休假日、法定节日、探亲假、年休假以及由于职业特点或其他特殊需要而规定的休假。按现行制度，各种休假日均带有工资。

《我国法定年节假日等休假相关标准》对休息日、法定节假日、年休假、探亲假、婚丧假五类休假标准予以明确。休息休假时间是劳动者根据法律法规的规定，在国家机关、社会团体、企业、事业单位以及其他组织任职期间内，不必从事生产和工作而自行支配的时间。

（四）劳动安全卫生制度

1. 什么是劳动安全卫生

劳动安全卫生又称职业安全卫生（Occupational Safety and Health, OSH），也称安全生产、劳动保护、职业安全健康、职业卫生，国外通常称为职业安全与卫生、职业安全与健康、职业健康与安全。在《职业安全卫生术语》（GB/T 15236—2008）中，职业安全卫生是指以保障职工在职业活动中的安全与健康为目的的工作领域及在法律、技术、设备、组织制度和教育等方面所采取的相应措施。

2. 劳动安全卫生的主要内容

劳动安全卫生制度是指国家为了保护劳动者在劳动过程中的生命安全和身体健康而制定的各种法律规范的总称，主要包括劳动安全规程、劳动卫生规程和企业安全卫生管理制度三项重要内容。《劳动法》第六章规定了“劳动安全卫生”专章，提出了劳动安全卫生的原则要求。

（1）劳动安全卫生教育

劳动安全卫生教育是指企业为了增强职工的安全卫生意识，提高其安全卫生操作水平，普及安全技术法规知识，而对职工进行教育、培训和考核的制度。其主要内容包括思想政治教育、劳动安全卫生法制教育、劳动纪律教育、劳动安全技术知识教育、典型经验和事故教训教育。《劳动法》第五十二条规定，用人单位必须建立健全劳动安全卫生制度，严格执行国家劳动安全卫生规程和标准，对劳动者进行劳动安全卫生教育，防止劳动过程中的事故，减少职业危害。

（2）劳动安全卫生设施

劳动安全卫生设施是指防止伤亡事故和职业病发生，消除职业危害因素的设备、装置、防护用具等设防技术措施的总称。主要分为劳动安全设施、劳动卫生设施、个人防护设施、生产辅助设施四类。《劳动法》第五十三条规定，劳动安全卫生设施必须符合国家规定的标准。

（3）劳动防护用品

劳动防护用品又称职业病防护用品、个体防护装备，是指由用人单位为劳动者配备的，使其在劳动过程中免遭或者减轻事故伤害及职业病危害的个体防护装备。《劳动法》第五十四条规定，用人单位必须为劳动者提供符合国家规定的劳动安全卫生条件和必要的劳动防护用品，对从事有职业危害作业的劳动者应当定期进行健康检查。《国家安全监管总局办公厅关于修改用人单位劳动防护用品管理规范的通知》（安监总厅安健〔2018〕3号）第十条规定，劳动防护用品分为以下十大类：①防御物理、化学和生物危险、有害因素对头部伤害的头部防护用品。②防御缺氧空气和空气污染物进入呼吸道的呼吸防护用品。③防御物理和化学危险、有害因素对眼面部伤害的眼面部防护用品。④防噪声危害及防水、防寒等的耳部防护用品。⑤防御物理、化学和生物危险、有害因素对手部伤害的手部防护用品。⑥防御物理和化学危险、有害因素对足部伤害的足部防护用品。⑦防御物理、化学和生物危险、有害因素对躯干伤害的躯干防护用品。⑧防御物理、化学和生物危险、有害因素损伤皮肤或引起皮肤疾病的护肤用品。⑨防止高处作业劳动者坠落或者高处落物伤害的坠落防护用品。⑩其他防御危险、有害因素的劳动防护用品。

3. 劳动安全规程

劳动安全规程是指国家为了防止劳动者在生产或工作过程中发生伤亡事故，保障其生命安全和防止生产设备遭到破坏而制定的各种法律规范的总称。当前，我国已经在《工厂安全卫生规程》的基础上，全面建立生产安全法律体系，明确了用人单位的生产安全主体责任。劳动安全规程主要包括劳动安全卫生设施管理、建设工程安全生产管理、矿山安全技术规程等内容。

4. 劳动卫生规程

劳动卫生规程是指国家为了保护劳动者在劳动过程中的健康，防止有毒有害气体、物质的危害，防止职业病发生而制定的各种法律规范的总称。当前，我国已经建立职业病防治法律体系，明确了用人单位的职业病防治要求。劳动卫生规程主要包括工作场所职业卫生要求、职业病防治管理措施和职业病危害因素日常监测等内容。

5. 劳动安全卫生管理制度

劳动安全卫生管理制度是指为了保障劳动者在劳动过程中的安全与健康，用人单位根据国家有关法规而制定的各种规章制度的总称。它是企业管理制度的重要组成部分，主要包括生产安全管理制度和职业卫生管理制度两大类。根据《劳动法》、《中华人民共和国职业病防治法》（以下简称《职业病防治法》）、《中华人民共和国安全生产法》（以下简称《安全生产法》）的有关规定，生产经营单位必须建立健全劳动安全卫生管理制度。

第二节　劳动保护制度

一、什么是劳动保护制度

1. 劳动保护概念

劳动保护是指国家为保护劳动者在生产活动中的安全和健康，在改善劳动条件、防止工伤事故、预防职业病、实行劳逸结合、加强女职工保护等方面所采取的各种组织措施和技术措施。劳动保护是我国的一项重要政策。

《宪法》第四十二条规定，国家通过各种途径，创造劳动就业条件，加强劳动保护，改善劳动条件，并在发展生产的基础上，提高劳动报酬和福利待遇。我国劳动保护在制度设计上既有一般劳动保护规定，也有特殊劳动保护规定。

2. 用人单位的劳动安全卫生保障责任

在用人单位与劳动者之间构成的劳动关系中，劳动者提供自身的劳动并获得报酬，用人单位提供劳动场所和劳动条件并支付劳动报酬，双方的利益并不完全相同。因此，需要用法律明确规定用人单位与劳动者双方的权利和义务，使这种劳动关系保持和谐、稳定。劳动安全卫生是劳动关系的重要组成部分，我国现行的《劳动法》、《中华人民共和国工会法》（以下简称工会法）、《安全生产法》、《职业病防治法》等多部涉及劳动安全卫生内容的法律，都要求用人单位在生产过程中承担保障劳动者安全卫生合法权益的法定责任和义务。

用人单位的劳动安全卫生保障责任主要包括严格遵守国家有关劳动安全卫生的法律、法规；严格执行劳动安全卫生法规和标准，为劳动者提供符合国家标准或者行业标准的生产条件和作业环境；以劳动合同形式明确对劳动者劳动安全卫生权益的保障；依法实施劳动安全卫生管理；对劳动者进行劳动安全卫生教育培训；向劳动者告知劳动安全卫生事项；提供符合标准要求的劳动防护用品；为劳动者办理工伤保险，并依法承担民事赔偿责任；为劳动者提供职业健康监护服务。

3. 劳动者享有的劳动保护权利和义务

国家劳动安全卫生法律法规不仅规定了用人单位所承担的劳动安全卫生职责和国家（政府）对用人单位的监管职责，也对劳动者获得劳动保护的权利与义务作出了明确规定，这些规定是劳动者维护自身安全健康合法权益的有力武器。《劳动法》第三条规定，劳动者享有平等就业和选择职业的权利、取得劳动报酬的权利、休息休假的权利、获得劳动安全卫生保护的权利、接受职业技能培训的权利、享受社会保险和福利的权利、提请劳动争议处理的权利以及法律规定的其他劳动权利。劳动者应当完成劳动任务，提高职业技能，执行劳动安全卫生规程，遵守劳动纪律和职业道德。此外，《安全生产法》《职业病防治法》也对劳动者享有劳动保护的权利和义务进行了规定。

二、劳动保护的基本内容

（一）一般劳动保护制度

1. 劳动合同中写明劳动保护条款

《劳动法》第十九条规定，劳动合同应当以书面形式订立，并具备以下条款：①劳动合同期限；②工作内容；③劳动保护和劳动条件；④劳动报酬；⑤劳动纪律；⑥劳动合同终止的条件；⑦违反劳动合同的责任。劳动合同除前款规定的必备条款外，当事人可以协商约定其他内容。《安全生产法》第五十二条规定，生产经营单位与从业人员订立的劳动合同，应当载明有关保障从业人员劳动安全、防止职业危害的事项，以及依法为从业人员办理工伤保险的事项。生产经营单位不得以任何形式与从业人员订立协议，免除或者减轻其对从业人员因生产安全事故伤亡依法应承担的责任。

2. 提供必要的劳动防护用品和劳动保护设施

《劳动法》第九十二条规定，用人单位的劳动安全设施和劳动卫生条件不符合国家规定或者未向劳动者提供必要的劳动防护用品和劳动保护设施的，由劳动行政部门或者有关部门责令改正，可以处以罚款；情节严重的，提请县级以上人民政府决定责令停产整顿；对事故隐患不采取措施，致使发生重大事故，造成劳动者生命和财产损失的，对责任人员依照刑法有关规定追究刑事责任。《安全生产法》第四十五条规定，生产经营单位必须为从业人员提供符合国家标准或者行业标准的劳动防护用品，并监督、教育从业人员按照使用规则佩戴、使用。

3. 劳动者职业卫生保护

《职业病防治法》第四条第二款规定，用人单位应当为劳动者创造符合国家职业卫生标准和卫生要求的工作环境和条件，并采取措施保障劳动者获得职业卫生保护。《职业病防治法》第二十二条规定，用人单位必须采用有效的职业病防护设施，并为劳动者提供个人使用的职业病防护用品。用人单位为劳动者个人提供的职业病防护用品必须符合防治职业病的要求；不符合要求的，不得使用。

4. 工作场所应当符合职业卫生要求

《职业病防治法》第十五条规定，产生职业病危害的用人单位的设立除应当符合法律、行政法规规定的设立条件外，其工作场所还应当符合下列职业卫生要求：①职业病危害因素的强度或者浓度符合国家职业卫生标准；②有与职业病危害防护相适应的设施；③生产布局合理，符合有害与无害作业分开的原则；④有配套的更衣间、洗浴间、孕妇休息间等卫生设施；⑤设备、工具、用具等设施符合保护劳动者生理、心理健康的要求；⑥法律、行政法规和国务院卫生行政部门关于保护劳动者健康的其他要求。

5. 职业健康检查

《职业病防治法》第三十六条规定，用人单位应当为劳动者建立职业健康监护档案，并按照规定的期限妥善保存。《职业病防治法》第六十条规定，用人单位在发生分立、合并、解散、破产等情形时，应当对从事接触职业病危害的作业的劳动者进行健康检查，并按照国家有关规定妥善安置职业病病人。

6. 劳动安全卫生教育培训

《职业病防治法》第四十条第一款规定，工会组织应当督促并协助用人单位开展职业卫生宣传教育和培训，有权对用人单位的职业病防治工作提出意见和建议，依法代表劳动者与用人单位签订劳动安全卫生专项集体合同，与用人单位就劳动者反映的有关职业病防治的问题进行协调并督促解决。《女职工劳动保护特别规定》第三条规定，用人单位应当加强女职工劳动保护，采取措施改善女职工劳动安全卫生条件，对女职工进行劳动安全卫生知识培训。

（二）女职工的特殊劳动保护制度

1. 什么是女职工特殊劳动保护

女职工特殊劳动保护又称母性保护，是指根据女职工特殊的身体结构、生理特点和哺育子女的需要，对其劳动过程中的安全健康所采取的有别于男子的保护。

2. 女职工“四期”特殊劳动保护

（1）经期保护

经期又称生理期，是指女性每次月经持续时间。《劳动法》第六十条规定，不得安排女职工在经期从事高处、低温、冷水作业和国家规定的第三级体力劳动强度的劳动。

（2）孕期保护

孕期即怀孕周数，医学上的孕期是指从末次月经的第一天开始，到分娩结束，通常为四十周。《劳动法》第六十一条规定，不得安排女职工在怀孕期间从事国家规定的第三级体力劳动强度的劳动和孕期禁忌从事的劳动。对怀孕七个月以上的女职工，不得安排其延长工作时间和夜班劳动。《女职工劳动保护特别规定》第六条规定，女职工在孕期不能适应原劳动的，用人单位应当根据医疗机构的证明，予以减轻劳动量或者安排其他能够适应的劳动。对怀孕 7 个月以上的女职工，用人单位不得延长劳动时间或者安排夜班劳动，并应当在劳动时间内安排一定的休息时间。怀孕女职工在劳动时间内进行产前检查，所需时间计入劳动时间。

（3）生育期保护

生育期是指从第一个孩子的出生，到最小一个孩子被抚养成人的阶段。《劳动法》第六十二条规定，女职工生育享受不少于九十天的产假。《女职工劳动保护特别规定》第七条规定，女职工生育享受 98 天产假，其中产前可以休假 15 天；难产的，增加产假 15 天；生育多胞胎的，每多生育 1 个婴儿，增加产假 15 天。女职工怀孕未满 4 个月流产的，享受 15 天产假；怀孕满4个月流产的，享受42天产假。

（4）哺乳期保护

哺乳期是指哺育1岁以内的婴儿的时间。《劳动法》第六十三条规定，不得安排女职工在哺乳未满一周岁的婴儿期间从事国家规定的第三级体力劳动强度的劳动和哺乳期禁忌从事的其他劳动，不得安排其延长工作时间和夜班劳动。《女职工劳动保护特别规定》第九条规定，对哺乳未满1周岁婴儿的女职工，用人单位不得延长劳动时间或者安排夜班劳动。用人单位应当在每天的劳动时间内为哺乳期女职工安排1小时哺乳时间；女职工生育多胞胎的，每多哺乳1个婴儿每天增加1小时哺乳时间。《职业病防治法》第三十八条规定，用人单位不得安排孕期、哺乳期的女职工从事对本人和胎儿、婴儿有危害的作业。

3. 女职工禁忌从事的劳动范围

（1）女职工一般禁忌从事的劳动范围

主要包括：①矿山井下作业；②体力劳动强度分级标准中规定的第四级体力劳动强度的作业；③每小时负重6次以上、每次负重超过20公斤的作业，或者间断负重、每次负重超过25公斤的作业。

（2）女职工在经期禁忌从事的劳动范围

主要包括：①冷水作业分级标准中规定的第二级、第三级、第四级冷水作业；②低温作业分级标准中规定的第二级、第三级、第四级低温作业；③体力劳动强度分级标准中规定的第三级、第四级体力劳动强度的作业；④高处作业分级标准中规定的第三级、第四级高处作业。

（3）女职工在孕期禁忌从事的劳动范围

主要包括：①作业场所空气中铅及其化合物、汞及其化合物、苯、镉、铍、砷、氰化物、氮氧化物、一氧化碳、二硫化碳、氯、己内酰胺、氯丁二烯、氯乙烯、环氧乙烷、苯胺、甲醛等有毒物质浓度超过国家职业卫生标准的作业；②从事抗癌药物、己烯雌酚生产，接触麻醉剂气体等的作业；③非密封源放射性物质的操作，核事故与放射事故的应急处置；④高处作业分级标准中规定的高处作业；⑤冷水作业分级标准中规定的冷水作业；⑥低温作业分级标准中规定的低温作业；⑦高温作业分级标准中规定的第三级、第四级的作业；⑧噪声作业分级标准中规定的第三级、第四级的作业；⑨体力劳动强度分级标准中规定的第三级、第四级体力劳动强度的作业；⑩在密闭空间、高压室作业或者潜水作业，伴有强烈振动的作业，或者需要频繁弯腰、攀高、下蹲的作业。

（4）女职工在哺乳期禁忌从事的劳动范围

主要包括：①孕期禁忌从事的劳动范围的第一项、第三项、第九项；②作业场所空气中锰、氟、溴、甲醇、有机磷化合物、有机氯化合物等有毒物质浓度超过国家职业卫生标准的作业。

（三）未成年工的特殊劳动保护制度

1. 什么是未成年工特殊劳动保护

未成年工特殊劳动保护是指针对未成年工处于生长发育期的特点，以及接受义务教育的需要，采取的特殊劳动保护措施。未成年工是指年满十六周岁未满十八周岁的劳动者。未成年工特殊劳动保护是指根据未成年工身体成长发育的特点以及接受义务教育的需要，国家法律规定的用人单位在组织劳动过程中对未成年工采取的有别于成年工的特殊劳动保护措施。

2. 未成年工禁忌劳动范围

《劳动法》第六十四条规定，不得安排未成年工从事矿山井下、有毒有害、国家规定的第四级体力劳动强度的劳动和其他禁忌从事的劳动。我国《未成年工特殊保护规定》明确了未成年工禁止劳动范围标准：①《生产性粉尘作业危害程度分级》国家标准中第一级以上的接尘作业；②《有毒作业分级》国家标准中第一级以上的有毒作业；③《高处作业分级》国家标准中第二级以上的高处作业；④《冷水作业分级》国家标准中第二级以上的冷水作业；⑤《高温作业分级》国家标准中第三级以上的高温作业；⑥《低温作业分级》国家标准中第三级以上的低温作业；⑦《体力劳动强度分级》国家标准中第四级体力劳动强度的作业；⑧矿山井下及矿山地面采石作业；⑨森林业中的伐木、流放及守林作业；⑩工作场所接触放射性物质的作业；⑪有易燃易爆、化学性烧伤和热烧伤等危险性大的作业；⑫地质勘探和资源勘探的野外作业；⑬潜水、涵洞、涵道作业和海拔三千米以上的高原作业（不包括世居高原者）；⑭连续负重每小时在六次以上并每次超过二十公斤，间断负重每次超过二十五公斤的作业；⑮使用凿岩机、捣固机、气镐、气铲、铆钉机、电锤的作业；⑯工作中需要长时间保持低头、弯腰、上举、下蹲等强迫体位和动作频率每分钟在于五十次的流水线作业；⑰锅炉司炉。

3. 未成年工的特殊劳动保护内容

《劳动法》第五十八条规定，国家对女职工和未成年工实行特殊劳动保护。《职业病防治法》第三十八条规定，用人单位不得安排未成年工从事接触职业病危害的作业。《中华人民共和国未成年人保护法》（以下简称《未成年人保护法》）第六十一条规定，任何组织或者个人不得招用未满十六周岁未成年人，国家另有规定的除外。……招用已满十六周岁未成年人的单位和个人应当执行国家在工种、劳动时间、劳动强度和保护措施等方面的规定，不得安排其从事过重、有毒、有害等危害未成年人身心健康的劳动或者危险作业。

第三节　工会劳动保护监督制度

一、什么是工会劳动保护监督制度

1. 什么是工会劳动保护监督

工会劳动保护监督是指工会对国家行政机关和用人单位行政部门在执

行国家劳动法律、法规和相关政策上具有监督的权利。《企业工会工作条例（试行）》第三十八条规定，建立劳动法律监督委员会，职工人数较少的企业应设立工会劳动法律监督员，对企业执行有关劳动报酬、劳动安全卫生、工作时间、休息休假、女职工和未成年工保护、保险福利等劳动法律法规情况进行群众监督。《企业工会工作条例（试行）》第三十九条第一款规定，建立劳动保护监督检查委员会，生产班组中设立工会小组劳动保护检查员。建立完善工会监督检查、重大事故隐患和职业危害建档跟踪、群众举报等制度，建立工会劳动保护工作责任制。依法参加职工因工伤亡事故和其他严重危害职工健康问题的调查处理。协助与督促企业落实法律赋予工会与职工安全生产方面的知情权、参与权、监督权和紧急避险权。开展群众性安全生产活动。

2. 工会劳动保护监督三个《条例》

1985 年 1 月 8 日，全国总工会书记处第六十三次会议讨论通过了《工会劳动保护监督检查员工作条例》《基层工会劳动保护监督检查委员会工作条例》《工会小组劳动保护检查员工作条例》（以下简称三个《条例》）。三个《条例》的颁发，给工会劳动保护工作提出了遵循的依据，使各级工会劳动保护工作向个个规范化迈进了一步。1997 年和 2001 年，全国总工会先后对三个《条例》作了两次修改。工会劳动保护监督三个《条例》是突出工会维护职能，履行监督检查职责，落实“安全第一，预防为主，综合治理”的方针，组织和发动广大职工开展群众性劳动保护监督检查工作的规范性、指导性文件。

二、工会劳动保护监督的主要内容

（一）依法宏观参与和基层参与

代表和组织职工群众参与国家和社会事务的管理是法律赋予工会的一项重要职责，是工会维护职工国家主人翁地位和当家作主权利的重要渠道。工会参与劳动安全卫生管理主要是以监督的方式进行，其主要内容是对劳动保护法律法规、标准、政策和企业劳动安全卫生规章制度的执行情况进行监督。

1. 宏观参与

工会立法参与。一是国家立法参与。《工会法》第三十四条规定，国家机关在组织起草或者修改直接涉及职工切身利益的法律、法规、规章时，应当听取工会意见。二是地方立法参与。《工会法》第三十四条规定，县级以上各级人民政府制定国民经济和社会发展计划，对涉及职工利益的重大问题，应当听取同级工会的意见。县级以上各级人民政府及其有关部门研究制定劳动就业、工资、劳动安全卫生、社会保险等涉及职工切身利益的政策、措施时，应当吸收同级工会参加研究，听取工会意见。《工会法》第三十五条规定，县级以上地方各级人民政府可以召开会议或者采取适当方式，向同级工会通报政府的重要的工作部署和与工会工作有关的行政措施，研究解决工会反映的职工群众的意见和要求。各级人民政府劳动行政部门应当会同同级工会和企业方面代表，建立劳动关系三方协商机制，共同研究解决劳动关系方面的重大问题。

工会宏观决策参与。包括提交全国、地方各级人大、政协议案提案；参加各级安全生产委员会（以下简称安委会）的工作；参加与同级政府的联席会议；就涉及职工安全健康权益等劳动安全卫生重大问题进行调查研究，直接向各级党委提出工会的意见建议；联合政府有关部门开展调研、安全检查督查、专题研讨，共同研究和提出解决方案，采取联合制发文件等形式，面向基层，指导工作。

2. 基层工会参与

基层工会参与是工会参与的重点。基层工会参与是企业工会开展劳动保护、民主管理和民主监督的重要形式，既是社会主义市场经济条件下企业新型劳动关系的体现，也有利于职工在企业安全生产工作中民主权利的落实。基层工会以参与企业有关劳动安全卫生方面的管理制度、作业规程、奖惩办法等的制定、修订工作为重点，在广泛听取职工意见建议的基础上，通过协商，推动改善劳动条件和作业环境，加强对职工的职业防护，从而在源头上减少或避免矛盾，稳定企业的劳动关系。同时，关注合同条款规定的职工相关权利和义务是否平衡，既考虑职工的利益，也兼顾企业的发展。

（二）依法监督安全生产工作

1. 工会依法组织职工参加本单位安全生产工作的民主管理和民主监督

《安全生产法》第七条规定，工会依法对安全生产工作进行监督。生产经营单位的工会依法组织职工参加本单位安全生产工作的民主管理和民主监督，维护职工在安全生产方面的合法权益。生产经营单位制定或者修改有关安全生产的规章制度，应当听取工会的意见。

2. 工会有权监督建设项目“三同时”

《安全生产法》第六十条规定，工会有权对建设项目的安全设施与主体工程同时设计、同时施工、同时投入生产和使用进行监督，提出意见。工会对生产经营单位违反安全生产法律、法规，侵犯从业人员合法权益的行为，有权要求纠正；发现生产经营单位违章指挥、强令冒险作业或者发现事故隐患时，有权提出解决的建议，生产经营单位应当及时研究答复；发现危及从业人员生命安全的情况时，有权向生产经营单位建议组织从业人员撤离危险场所，生产经营单位必须立即作出处理。工会有权依法参加事故调查，向有关部门提出处理意见，并要求追究有关人员的责任。

（三）依法监督职业卫生工作

1. 依法监督职业病防治工作

《职业病防治法》第四条第三款规定，工会组织依法对职业病防治工作进行监督，维护劳动者的合法权益。用人单位制定或者修改有关职业病防治的规章制度，应当听取工会组织的意见。

2. 协助用人单位开展职业卫生宣传教育和培训

《职业病防治法》第四十条第一款规定，工会组织应当督促并协助用人单位开展职业卫生宣传教育和培训，有权对用人单位的职业病防治工作提出意见和建议，依法代表劳动者与用人单位签订劳动安全卫生专项集体合同，与用人单位就劳动者反映的有关职业病防治的问题进行协调并督促解决。

（四）依法参加事故调查处理

工会依法参加事故调查处理主要体现在上报事故要同时通知工会、工会派人参加事故调查组、防范和整改措施情况接受工会监督三个方面。《生产安全事故报告和调查处理条例》第六条规定，工会依法参加事故调查处理，有权向有关部门提出处理意见。《矿山安全法》第三十七条规定，发生一般矿山事故，由矿山企业负责调查和处理。发生重大矿山事故，由政府及其有关部门、工会和矿山企业按照行政法规的规定进行调查和处理。

（五）依法组织劳动保护教育培训

劳动保护教育培训是预防生产事故和职业病的三项政策之一。工会应当组织、开展劳动保护教育培训。

1. 劳动保护教育培训的对象

工会劳动保护教育培训的对象是各级工会劳动保护干部和广大企业职工。工会可以独立开展劳动保护教育培训，也可以会同行政联合开展此项工作。《工会法》第三十一条规定，工会协助用人单位办好职工集体福利事业，做好工资、劳动安全卫生和社会保险工作。

2. 劳动保护教育培训的内容

（1）工会干部劳动保护教育培训的主要内容

工会干部劳动保护教育培训的主要内容包括国家有关劳动安全卫生的法律、法规、标准和政策，工会劳动保护监督检查三个《条例》，劳动安全卫生专业知识，工会工作基本理论和业务知识，等等。

（2）职工劳动保护教育培训的主要内容

职工劳动保护教育培训的主要内容包括国家有关劳动安全卫生的法律、法规、标准和政策，企业劳动安全卫生规章制度，职工在企业劳动安全卫生工作中享有的权利和应尽的义务，职工如何维护安全健康合法权益，等等。

（3）监督和协助企业开展职工教育培训的主要内容

企业工会除了独立开展职工劳动保护教育培训，还要监督和协助企业行政进行新工人三级安全教育、特种作业人员安全培训、“四新”教育和经常性教育。新工人三级安全教育包括厂级教育、车间级教育和岗位教育。此外，还应对广大职工进行经常性的安全和卫生教育。

三、工会劳动保护监督的组织建设

1. 工会劳动保护监督检查员

工会劳动保护监督检查员又称工会劳保监查员，是指具有较高的政策、业务水平，熟练掌握劳动安全卫生法律法规，经过劳动保护业务培训和考核，经由上级工会任命的从事工会劳动保护工作的人员。工会劳保监查员的任职条件和任命程序，须严格按全国总工会颁发的《工会劳动保护监督检查员工作条例》和《工会劳动保护监督检查员管理办法》执行及组织管理。工会劳动保护监督检查员被任命前必须经过劳动保护岗位培训并考核合格。

工会劳动保护监督检查员的职责包括：一是立法和决策参与；二是调查研究；三是监督隐患整改；四是紧急避险；五是参加事故和职业危害事件调查处理；六是参加“三同时”审查验收；七是监督并协助企业做好劳动安全卫生工作；八是支持和指导基层劳动保护工作。

2. 工会劳动保护监督检查委员会

在基层企业、车间中设立工会劳动保护监督检查委员会。《基层工会劳动保护监督检查委员会工作条例》第二条规定，企事业工会设立工会劳动保护监督检查委员会，所属分厂、车间（科室）工会设立工会劳动保护监督检查委员会或工会劳动保护监督检查委员。

工会劳动保护监督检查委员会的职责包括：一是监督和协助；二是调查研究；三是安全生产民主管理；四是制止“双违”和安全检查；五是监督事

故隐患整改治理；六是参加“三同时”审查验收；七是参加事故调查处理；八是紧急避险；九是教育与宣传；十是维护职工劳动安全健康合法权益。

3. 工会小组劳动保护检查员

在班组中设立工会小组劳动保护检查员。《工会小组劳动保护检查员工作条例》第二条规定，在工、交、财贸、基本建设等行业的企事业生产班组中，设立工会小组劳动保护检查员。

工会小组劳动保护检查员的职责包括：一是协助落实法律法规和规章制度，创建合格班组；二是维护职工的知情权；三是督促和协助班组长安全教育工作；四是制止“双违”；五是督促解决安全检查中发现的隐患；六是紧急避险；七是事故抢险和现场急救；八是监督企业提供符合国家规定的劳动条件。

四、工会劳动保护的监督责任

1. 参与劳动安全卫生立法和相关政策的制定

工会代表和组织职工参与国家事务，是劳动者管理国家事务的基本途径和形式。《工会法》第五条规定，工会组织和教育职工依照宪法和法律的规定行使民主权利，发挥国家主人翁的作用，通过各种途径和形式，参与管理国家事务、管理经济和文化事业、管理社会事务。工会通过劳动安全卫生立法和政策参与，反映劳动安全卫生工作中存在的突出问题和广大职工的意愿、要求，从源头上维护劳动者安全卫生合法权益。

2. 对用人单位履行劳动安全卫生法律、法规、标准的情况进行监督

从一定意义上说，法律、法规的执行与制定同等重要。工会作为我国重要的社会政治团体，在性质上与国家权力机关、司法机关和行政机关有很大不同。工会不是执法主体，在推动法律法规的贯彻实施上，其主要着力点在于监督。监督的重点是各级政府和企业对劳动安全卫生法律、法规、标准的执行情况，对监督过程中发现的问题，要及时纠正，或提交政府相关部门依

法处理。与此同时，各级工会还应积极配合人大、政府及其有关部门开展对相关法律、法规执行情况的检查，对违反法律法规的行为，特别是严重侵犯劳动者和工会组织合法权益的重大案件，要求政府或司法机关依法予以查处。

3. 对劳动者进行安全卫生教育培训

开展劳动安全卫生教育培训，帮助劳动者提高劳动安全卫生意识和技能，是工会维护劳动者安全卫生合法权益的重要途径，也是发动职工参与企业安全生产管理的基本前提。用工制度的改革，劳动者的流动性增大，特别是新材料、新技术的应用，对劳动者安全生产技术技能提出了新的更高要求。一些农民工由于缺少基本的劳动安全卫生知识，缺少对各类事故和职业伤害的防范能力，往往既是事故的受害者，又是事故的直接责任者。工会组织有责任帮助他们提高劳动安全卫生素质，增强自我保护能力。

4. 对事故隐患和职业病危害作业点的监督整改

及时整改生产过程中的各类事故隐患和职业病危害，是贯彻“安全第一，预防为主，综合治理”方针，预防发生事故和职业病危害的一项重要措施，也是工会劳动保护监督检查的重要任务。《安全生产法》第六十条第二款规定，工会对生产经营单位违反安全生产法律、法规，侵犯从业人员合法权益的行为，有权要求纠正；发现生产经营单位违章指挥、强令冒险作业或者发现事故隐患时，有权提出解决的建议，生产经营单位应当及时研究答复；发现危及从业人员生命安全的情况时，有权向生产经营单位建议组织从业人员撤离危险场所，生产经营单位必须立即作出处理。《职业病防治法》第四十条第二款规定，工会组织对用人单位违反职业病防治法律、法规，侵犯劳动者合法权益的行为，有权要求纠正；产生严重职业病危害时，有权要求采取防护措施，或者向政府有关部门建议采取强制性措施；发生职业病危害事故时，有权参与事故调查处理；发现危及劳动者生命健康的情形时，有权向用人单位建议组织劳动者撤离危险现场，用人单位应当立即作出处理。

5. 参加伤亡事故和侵害职工健康权益事件的调查处理

《工会法》第二十七条规定，职工因工伤亡事故和其他严重危害职工健康问题的调查处理，必须有工会参加。工会应当向有关部门提出处理意见，并有权要求追究直接负责的主管人员和有关责任人员的责任。《安全生产法》第六十条第三款规定，工会有权依法参加事故调查，向有关部门提出处理意见，并要求追究有关人员的责任。

6. 为劳动者维护自身劳动安全卫生合法权益提供帮助和服务

上述的工会职责是工会为维护劳动者劳动安全卫生合法权益而提供的帮助和服务。除此以外，工会为劳动者提供帮助和服务的内容还包括在劳动者的安全卫生合法权益受到侵害而引发诉讼等法律服务。

本讲思考

1. 什么是劳动基准？如何从工资、工时、休息休假和劳动安全卫生视角科学认识劳动基准的法律规制？

2. 什么是劳动保护？如何理解女职工和未成年工的特殊劳动保护规定？

3. 如何理解女职工和未成年工禁忌从事的劳动范围规定？

4. 结合工会工作实际，简述当前我国工会劳动保护监督检查工作的创新方法。

5. 结合工会十八大精神，试述新时代下工会劳动保护监督职责的主要内容。

第二讲

工会与安全生产监督

本讲要点

1. 了解工会参与安全生产监督的工作流程、各级工会参与安全生产工作的创新。

2. 理解安全设施设计的主要内容，“三同时”审查各阶段的审查要点。

3. 掌握工会参与安全生产工作的监督职责、“三同时”的概念。

引导案例

推进劳动保护、促进安全生产

某市总工会在全市企业中开展以“推进劳动保护、促进安全生产”为主题的十大专项行动。在企业职工中广泛开展以“扩面提质强基础，文化引领增素质”为主题的职工安全文化素质提升行动，通过探索提升职工安全素质的有效途径，增强职工安全自我防范意识；推进劳保监督检查“万千百人”培训计划。组织1万名基层工会小组（班组）劳动保护检查员、1000家企业专职劳动保护监督检查员、100个镇（街道、开发区）工会干部劳动保护、劳动安全知识普及教育培训；开展百万职工新《安全生产法》知识竞赛活动；开展征集1万项劳动安全卫生合理化建议“金点子”和安全实用小发明、小创造、小革新、小改进、小经验“安全五小成果”活动；开展以“安全隐患随手拍，齐查共改保安全”为主题的“安全隐患随手拍”活动。组织职工立足本职岗位，用手中的镜头，排查隐患促安全，治理危害保健康。深入推行“1+3”安全监控体系。按职责分工要求，把拓展、推广“1+3”安全监控体系工作，纳入全市“安康杯”竞赛活动的重要考核内容，以点带面，整体推进，引导职工积极投身“1+3”安全监控体系建设，推动“1+3”安全监控工作体系在相关企业延伸。把班组安全建设作为依靠职工群众做好安全生产工作的基础，牢固树立班组岗位是第一道防线的安全理念，逐步实现班组安全管理标准化、规范化、制度化。

案例思考

（1）提升职工安全素质的有效途径有哪些？

（2）工会在提升职工安全素质方面可以开展哪些工作？

（3）如何开展工会参与生产安全监督？

第一节　工会参与安全生产监督的工作流程

工会参与安全生产监督检查对于保障职工的安全和健康、推动企业的安全生产管理、维护职工的合法权益和民主权利等方面都具有重要意义。因此，应充分发挥工会在安全生产监督检查中的作用和责任，共同构建安全、和谐、稳定的工作环境。

一、参与安全生产监督的工作流程

1. 准备阶段

首先工会应明确监督检查的目的、范围和要求，制订详细的监督检查计划。其次组建由工会安全监督员和相关专业人员组成的监督检查小组，并进行必要的培训。最后提前通知被检查单位，明确检查时间、地点和需要配合的事项。

2. 资料收集

工会应收集被检查单位的安全生产管理制度、操作规程、应急预案等相关文件资料。了解被检查单位的安全生产状况，包括历史事故记录、隐患排查整改情况等。

3. 现场检查

监督检查小组按照计划进行现场检查，重点检查设备设施的安全性能、作业环境的安全性、员工的安全操作行为等。对发现的问题和隐患进行记录，并拍照或录像作为证据。

4. 问题反馈

检查结束后，监督检查小组与被检查单位进行沟通，反馈发现的问题和隐患。要求被检查单位对发现的问题和隐患进行整改，并明确整改期限和责任人。

5. 整改追踪

工会监督被检查单位按时进行整改，并对整改结果进行复查。对于未能按时整改或整改不到位的单位，工会可以采取相应的措施，如发出整改通知书、约谈单位负责人等。

6. 总结报告

监督检查小组编写监督检查总结报告，包括检查情况、发现的问题和隐患、整改情况等内容。将总结报告提交给工会领导和相关部门，作为安全生产管理的重要依据。

7. 后续跟进

工会持续关注被检查单位的安全生产状况，定期或不定期进行复查和回访。对于发现的问题和隐患进行持续跟踪，确保问题得到彻底解决。

8. 宣传教育

工会利用监督检查的机会，向被检查单位的员工宣传安全生产法律法规、安全操作规程等知识。通过宣传教育，提高员工的安全意识和自我保护能力。

此外，工会还可以采取其他监督方式，如定期检查、专项检查、随机检查等，以确保安全生产监督工作的全面性和有效性。同时，工会还需要及时将检查结果和整改情况向上级工会主管部门报告，对于重大问题和紧急情况，还需要直接通知上级主管部门和有关职能部门。

工会参与安全生产监督的工作流程是一个系统性、规范性的过程，需要工会认真履行职责，与被检查单位积极配合，共同推动安全生产工作的落实。

二、安全检查的类型与内容

（一）安全检查的类型

安全检查一般可分为经常性检查、定期检查、专业（项）检查、季节性及节假日前后检查、综合性检查和群众性安全检查等类型。

1. 经常性检查

由企业安全管理者或部门组织、工会有关人员参加进行，或者由他们指导安全技术人员、车间和班组干部、劳动保护监督检查员、职工群众进行安全卫生自查、周查和月查。企业、车间、班组可根据自身特点，自己编制安全检查表，这样既可方便检查，又可使经常性的安全检查基础更扎实、更准确、更有效。

2. 定期检查

定期检查由企业组织、工会参加，可规定在季度、半年或一年时进行安全检查。定期检查相对稳定，检查得比较细致、严格。

3. 专业（项）检查

专业（项）检查是对某个专业（项）问题或在施工（生产）中存在的普遍性安全问题进行的单项定性或定量检查。如对危险性较大的在用设备设施，作业场所环境条件的管理性或监督性定量检测检验则属专业（项）安全生产检查。专业（项）安全生产检查具有较强的针对性和专业要求，可能有制定好的检查标准或评估标准、使用专业性较强的仪器等，用于检查难度较大的项目。

4. 季节性及节假日前后检查

季节性检查是根据行业特点和季节性进行的专项安全检查，如冬季防冻保温、防火、防煤气中毒，夏季防暑降温、防汛、防雷电等检查。由于节假日（特别是重大节日，如元旦、春节、劳动节、国庆节）前后容易发生事故，因而应在节假日前后进行有针对性的安全检查。

5. 综合性检查

综合性检查一般是由上级主管部门组织对生产单位进行的安全检查。综合性安全生产检查具有检查内容全面、检查范围广等特点，可以对被检查单位的安全状况进行全面了解。

6. 群众性安全检查

开展群众性安全检查，关键是要真正发动群众，发挥广大职工群众监督检查的积极性，利用职工群众的力量做好企业安全生产工作。因此，工会特别是工会劳动保护工作干部在开展这项工作时，应注意把握四方面的问题：①在开展检查特别是开展比较大的定期检查、专项检查和临时性大检查时，必须事先做好充分的准备。要制订明确的目标，制订较详细的检查计划，做好充分发动群众的工作。②要在充分准备的基础上，广泛发动职工群众对本企业、本车间以及自己工种方面存在的问题进行对照检查，发现隐患，揭露问题。③做好检查结果的整理、总结工作。在检查工作告一段落后，必须及时对检查的隐患、问题进行整理、总结，并及时采取如下措施：一是及时向企业行政或有关部门通报、建议整改，并督促协助落实。二是对重大隐患，工会要建立档案，使跟踪监督整改更有效。三是对于企业一时无法解决的重大隐患，建议采取必要的应急防范措施，并列入企业安全技术措施计划，必要时也可以成为企业平等协商签订集体合同的一项重要内容。企业自身无法解决的重大隐患，要按系统逐级上报。四是无论是工会与行政共同进行安全检查，还是工会自身独立组织的安全检查，工会都需要与企业行政搞好沟通、协调和配合，因为企业行政是企业生产安全、卫生与劳动保护的负责者，整改的执行者、落实者。

（二）安全检查的内容

安全检查是工会劳动保护群众监督工作的重要手段之一。安全检查的内容主要涉及安全管理、作业现场和工作环境等方面内容，具体包括：

1. 查法规政策的落实

即检查企业贯彻党和国家安全生产方针政策、法律法规的落实情况。

2. 查组织机构和安全制度

即检查安全生产组织机构的建立健全、安全生产责任制、安全生产法规、操作规程和安全知识的教育培训及效果，以及安全活动周、安全活动月等活动开展情况等。

3. 查设备管理

即检查设备维护保养、设备巡检的执行情况，重要设备的安全状态等。

4. 查设备维修

即检查重大检修项目确认制度的执行情况、施工技术力量的确认、防范措施的落实以及事故危险度预测等。

5. 查事故隐患

即检查事故隐患和职业危害的整改治理、事故危险源的控制和应急措施的落实等。

6. 查职工个体防护和作业现场

即检查职工劳动保护用品的发放标准及发放情况、尘毒源 / 点的防范、操作间及工作现场的噪声以及降低噪声的措施、操作室通风、取暖和夏季防暑降温等职业安全卫生情况及条件。安全检查的目的和要求，就是要通过检查，及时发现生产中的安全隐患和危害职工身体健康的因素，找出劳动保护技术和措施落实方面的薄弱环节，从而采取各种有效措施，进一步健全劳动保护制度，落实生产安全和工业卫生措施，解决迫切需要解决的问题，同时也使职工受到安全生产方针政策及规章制度的教育，防患于未然。

（三）安全检查的准备

（1）确定检查对象、目的、任务。

（2）查阅、掌握有关法规、标准、规程的要求。

（3）了解检查对象的工艺流程、生产情况、可能出现危险和危害的情况。

（4）制订检查计划，安排检查内容、方法、步骤。

（5）编写安全检查表或检查提纲。

（6）准备必要的检测工具、仪器、书写表格或记录本。

（7）挑选和训练检查人员并进行必要的分工等。

（四）实施安全检查

实施安全检查就是通过访谈、查阅文件和记录、现场观察、仪器测量等多种方式获取信息。

1. 访谈

通过与有关人员谈话来检查安全意识和规章制度执行情况等。

2. 查阅文件和记录

检查设计文件、作业规程、安全措施、责任制度、操作规程等是否齐全，是否有效；查阅相应记录，判断上述文件是否被执行。

3. 现场观察

对作业现场的生产设备、安全防护设施、作业环境、人员操作等进行观察，寻找不安全因素、事故隐患、事故征兆等。

4. 仪器测量

利用一定的检测检验仪器设备，对在用的设施、设备、器材状况及作业环境条件等进行测量，发现隐患。

三、监控与监督整改

这里是指对事故隐患和职业危害的监控与监督整改。事故隐患是指在生产过程中有可能导致事故，但通过一定办法或采取措施能够排除或抑制的、潜在的不安全因素。职业危害作业点是指由于工艺技术、设备、卫生防护设施等的缺陷，致使生产劳动环境中存在一些物理的、化学的、生物的有害物质，可能对接触者造成职业危害或患职业性疾病的作业点。

根据近年来工会劳动保护监督检查的实践，做好这项工作的较好方法是建立监督控制体系，促进企业对隐患的整改，其具体操作是：

1. 排查

组织发动职工群众从人、机器、环境、管理等几个方面入手，深入地对生产作业场所和岗位上的事故隐患和职业危害进行全面系统的排查和整理。

2. 确认

对排查出来的各种不安全因素、不安全场所按照危险程度和类别进行辨识及确认。

3. 评估

由工会劳动保护监督检查员或者专职干部、企业安全技术干部和工人等成员组成的评估小组对确认的事故隐患和职业危害作业点逐个进行定性定量的评估，按照发生概率和危害程度的大小，确定其危险等级。

4. 登记建卡

凡列为事故隐患和职业危害作业点的，均应登记建档，并统一制作醒目的标志牌挂在作业现场，即“事故隐患和职业危害监控卡”。卡上的内容有事故隐患和职业危害作业点的名称危险等级、易发生事故种类、防护措施、监控要求、紧急预案、责任人、检查周期等。把一个企业或者一个车间的危险源用图标示出来，制成“事故隐患和职业危害作业点分布网络图”，一目了然，便于管理。

5. 日常管理

由工会劳动保护监督检查委员会建立台账档案，一个事故隐患和职业危害作业点设置一本台账。按照危险等级，根据实际情况明确责任人，责任人一般应为各级行政主要负责人。

6. 动态管理

不论原有的监控点危险等级降低或者升高，还是出现新的危险源，都要及时进行调查，使危险作业点始终处于有效的监控之下。

7. 监督整改

凡是能在班组、车间和企业内解决的事故隐患及职业危害作业点，工会都应将其列为跟踪监督检查的目标，监督与协助行政实施整改。对可能发生火灾、爆炸、坍塌和急性中毒等事故隐患和职业危害作业点，要作为跟踪监督整改的重点。监督整改的总原则就是凡是可以解决的问题，都应督促企业落实整改措施及时解决；凡是暂时不能解决的问题，工会都应视情况向行政提出限期整改的意见，并协助行政确定解决措施、解决时间及负责人；凡是能列入企业安全措施计划、大修计划、技术改造工程和其他项目的事故隐患，工会都应建议并督促企业行政将其列入有关措施计划并认真落实；重大问题应提交职代会审议并监督执行；在事故隐患和职业危害作业点整改措施未落实期间，工会应建议、协助并监督企业行政采取应急防范措施；当遇有行政领导违章指挥、强令工人冒险作业或生产过程中发现明显重大事故隐患和职业危害，有权组织职工撤离危险现场。建立健全监控与监督整改体系，将专业安全管理和群众性劳动保护监督检查有机结合起来，将劳动保护的重点从事故发生后的处理转移到事故的预防上来，使职工真正成为安全生产的主力军。提高职工的安全意识和安全技能，达到全员、全方位和全过程安全管理的目的。

第二节　工会参与安全生产监督的基本内容

一、什么是“三同时”

《安全生产法》第三十一条规定，生产经营单位新建、改建、扩建工程项目（以下统称建设项目）的安全设施，必须与主体工程同时设计、同时施工、同时投入生产和使用。安全设施投资应当纳入建设项目概算。

《建设项目安全设施“三同时”监督管理办法》（2015 修正）规定，建设项目安全设施是指生产经营单位在生产经营活动中用于预防生产安全事故的设备、设施、装置、构（建）筑物和其他技术措施的总称。

建设项目安全设施未与主体工程同时设计、同时施工或者同时投入使用的，安全生产监督管理部门对与此有关的行政许可一律不予审批，同时责令生产经营单位立即停止施工、限期改正违法行为，对有关生产经营单位和人员依法给予行政处罚。

二、安全设施设计主要内容

建设项目安全专篇应当包括下列内容：

（1）设计依据。

（2）建设项目概述。

（3）建设项目潜在的危险、有害因素和危险、有害程度及周边环境安全分析。

（4）建筑及场地布置。

（5）重大危险源分析及检测监控。

（6）安全设施设计采取的防范措施。

（7）安全生产管理机构设置或者安全生产管理人员配备要求。

（8）从业人员教育培训要求。

（9）工艺技术和设备设施的先进性和可靠性分析。

（10）安全设施专项投资概算。

（11）安全预评价报告中的安全对策及建议采纳情况。

（12）预期效果以及存在的问题与建议。

（13）可能出现的事故预防及应急救援措施。

（14）法律法规、规章、标准规定需要说明的其他事项。

三、“三同时”审查各阶段的审查要点

“三同时”审查分为可行性研究的审查、设计文件审查、竣工验收审查三个阶段，每个阶段都有审查的要点。

（一）可行性研究的审查要点

1. 项目建议书

建设单位在提出项目建议书时，应有劳动安全卫生情况的说明，并提出对劳动安全卫生措施的原则要求。

2. 可行性研究

建设单位在组织编制建设项目设计任务书或可行性研究报告时，应对本项目中的危险、有害因素进行论述，对所采取的劳动安全卫生技术措施的可行性进行论证。

3. 职业卫生和安全评价

对于有害因素较大的建设项目，建设单位应委托设计或研究单位进行建设项目的职业卫生和安全评价，并提出评价报告书。

工会组织收到建设单位报送的项目建议书、可行性研究报告和劳动安全卫生评价报告书后，应和相关部门共同进行研究，并从安全和卫生角度考虑能否建设，提出肯定或否定的结论性意见。

（二）设计文件审查要点

根据国家有关规定，设计单位在建设项目的设计阶段，应编写《安全设施设计专篇》。工会应认真审查建设单位报送的建设项目设计文件（包括《安全设施设计专篇》《危险化学品建设项目安全设施的设计审查申请书》），并将审查意见以书面形式向建设单位反馈。审查意见应包括以下内容：生产工艺流程设计是否先进合理；针对生产过程中可能产生的危险有害因素所采取的措施是否合理、有效，并符合现行的职业卫生和安全方面的法律、法规和标准。

（三）竣工验收审查要点

验收前，工会要认真审查建设单位报送的申请验收投产的专题报告和《建设项目劳动安全卫生验收审查表》。验收时，工会组织要逐项审查建设单位报送的安全和职业卫生方面的专题报告及建设项目职业卫生和安全设施的工程质量以及运行效果。上级工会可以向企事业单位行政部门、工会了解有关情况，也可以召开一线职工座谈会，直接了解一线职工对劳动安全卫生条件的反映。对建设项目劳动安全卫生设施存在的问题，工会应当以书面的形式向建设单位提出改进意见和建议，并要求建设单位作出书面答复。

本讲思考

1.《安全生产法》赋予工会在安全生产工作方面有哪些职责?

2. 安全检查一般可分为哪些类型?

3. 建立监督控制体系，促进企业对隐患的整改主要包括哪些内容?

4. 什么是“三同时”?“三同时”审查各阶段的审查要点是什么?

第三讲

工会与事故调查监督

本讲要点

1. 了解工会参与事故调查的工作流程。

2. 理解工会参与事故调查的监督职责。

3. 掌握工会参与事故调查的基本内容。

引导案例

某矿业公司干扰工会参与事故调查处理

某矿业公司发生一起生产安全事故，造成8人死亡，直接经济损失达100万元。事故发生后，所在省煤矿安全监察局、市安全生产委员会与市工会组成了事故调查组，但某矿业公司对事故调查处理不予积极配合，认为工会不是行政管理部门，不应当参与事故调查。一名公司领导甚至对参与调查的工会同志不理不睬，声称："这事跟工会有什么关系，你们瞎掺和什么？"在召开事故调查有关会议时，公司领导坚持不让工会的同志参加。事故调查组一直向公司领导讲解工会有权依法参与事故调查处理的道理，但公司领导拒不接受。事故调查处理因此受到阻挠。

案例思考

（1）工会是否有权参与事故调查处理?

（2）矿业公司的行为违反了哪些法律规定?

（3）工会为什么要参与安全生产事故调查?在事故调查中能发挥什么作用?

第一节　工会参与事故调查的监督职责

一、事故调查工作的职责划分

《生产安全事故报告和调查处理条例》第十九条规定，特别重大事故由国务院或者国务院授权有关部门组织事故调查组进行调查。

重大事故、较大事故、一般事故分别由事故发生地省级人民政府、设区的市级人民政府、县级人民政府负责调查。省级人民政府、设区的市级人民政府、县级人民政府可以直接组织事故调查组进行调查，也可以授权或者委托有关部门组织事故调查组进行调查。

未造成人员伤亡的一般事故，县级人民政府也可以委托事故发生单位组织事故调查组进行调查。

《生产安全事故报告和调查处理条例》第二十条规定，上级人民政府认为必要时，可以调查由下级人民政府负责调查的事故。

自事故发生之日起30日内（道路交通事故、火灾事故自发生之日起7日内），因事故伤亡人数变化导致事故等级发生变化，依照本条例规定应当由上级人民政府负责调查的，上级人民政府可以另行组织事故调查组进行调查。

《生产安全事故报告和调查处理条例》第二十一条规定，特别重大事故以下等级事故，事故发生地与事故发生单位不在同一个县级以上行政区域的，由事故发生地人民政府负责调查，事故发生单位所在地人民政府应当派人参加。

二、事故调查组的组成与职责

（一）事故调查组的组成原则

事故调查组的组成应当遵循精简、效能的原则。根据事故的具体情况，事故调查组由有关人民政府、安全生产监督应急管理部门、负有安全生产监督管理职责的部门、监察机关、公安机关以及工会派人组成，并应当邀请人民检察院派人参加。事故调查组可以聘请有关专家参与调查。

（二）事故调查组成员的基本条件

事故调查组成员应当具有事故调查所需要的知识和专长，并与所调查的事故没有直接利害关系。没有直接利害关系，是指事故调查组成员与事故发生单位没有直接利害关系，与事故单位的主要负责人、主管人员、有关责任人没有直接利害关系。事故调查组组成时，发现被推荐为事故调查组成员的人选与所调查的事故有直接利害关系的，组织事故调查的人民政府或者有关部门应当将该成员予以调整；事故调查组组成时，有关部门、单位中与所调查的事故有直接利害关系的人员应当主动回避，不应参加事故调查工作；事故调查组组成后，有关部门、单位发现其成员与所调查的事故有直接利害关系的，事故调查组应当将该成员予以更换或者停止其事故调查工作。

（三）事故调查组组长的产生

事故调查组组长由负责事故调查的人民政府指定，也可以由授权组织事故调查组的有关部门指定，事故调查组应当根据事故的具体情况和事故等级，设事故调查组副组长 1～3 人，副组长一般情况下应当是有关地方政府或者有关部门的负责人，副组长在事故调查组成员中产生，协助组长开展事故调查工作。对一般等级的事故可只设组长 1 名，不再设置副组长。

（四）事故调查组应当明确的几个问题

（1）事故调查组的组成必须依照《生产安全事故报告和调查处理条例》的规定执行。

（2）事故调查组的成员履行事故调查的行为是职务行为，代表其所属部门、单位进行事故调查工作。

（3）事故调查组成员都要接受事故调查组的领导。

（4）事故调查组聘请的参与事故调查的专家，也是事故调查组的成员。

（五）事故调查组的职责

根据《生产安全事故报告和调查处理条例》的有关规定，事故调查组履行下列职责。

1. 查明事故发生的经过

（1）事故的具体时间、地点。

（2）事故发生前，事故发生单位生产作业状况。

（3）事故现场状况及事故现场保护情况。

（4）事故发生后采取的应急处置措施情况。

（5）事故报告经过。

（6）事故抢救情况。

（7）事故善后处理情况。

（8）其他与事故发生经过有关的情况。

2. 查明事故发生的原因

（1）事故发生的直接原因。

（2）事故发生的间接原因。

（3）事故发生的其他原因。

3. 查明人员伤亡情况

（1）事故发生前，事故发生单位生产作业人员分布情况。

（2）事故发生时人员涉险情况。

（3）事故当场人员伤亡情况及人员失踪情况。

（4）事故抢救过程中人员伤亡情况。

（5）最终伤亡情况。

（6）其他与事故发生有关的人员伤亡情况。

4. 查明事故的直接经济损失

（1）人员伤亡后所支出的费用，如医疗费用、丧葬及抚恤费用、补助及救济费用、歇工工资等。

（2）事故善后处理费用，如事故处理的事务性费用、现场抢救费用、现场清理费用、事故罚款和赔偿费用等。

（3）事故造成的财产损失费用，如固定资产损失价值、流动资产损失价值等。

5. 认定事故的性质和事故责任

通过事故调查分析，对事故的性质要有明确结论。其中对认定为自然事故（非责任事故或者不可抗拒的事故）的可不再认定或者追究事故责任人；对认定为责任事故的，要按照责任大小和承担责任的不同分别认定下列事故责任。

（1）直接责任者，即其行为与事故发生有直接责任的人员，如违章作业人员。

（2）主要责任者，即对事故发生负有主要责任的人员，如违章指挥者。

（3）领导责任者，即对事故发生负有领导责任的人员。

6. 提出对事故责任者的处理建议

通过事故调查分析，在认定事故的性质和事故责任的基础上，提出对事故责任者的处理建议。对事故责任者的处理建议一般包括以下内容。

（1）对事故责任者的行政处分、纪律处分建议。

（2）对事故责任者的行政处罚建议。

（3）对事故责任者追究刑事责任的建议。

（4）对事故责任者追究民事责任的建议。

7. 总结事故教训

通过事故调查分析，在查明事故原因和事故单位在安全生产管理上存在的问题及漏洞，认定事故性质和事故责任的基础上，要认真总结事故教训，要针对安全生产管理、安全投入、安全条件等方面存在的不足和漏洞，查找事故根源。

（1）事故发生单位应该吸取的教训。

（2）事故发生单位主要负责人应该吸取的教训。

（3）事故发生单位有关主管人员和有关职能部门应该吸取的教训。

（4）从业人员应该吸取的教训。

（5）政府及其有关主管部门应该吸取的教训。

（6）相关生产经营单位应该吸取的教训。

（7）社会公众应该吸取的教训。

8. 提出事故防范措施和整改意见

在事故调查分析的基础上，针对事故发生单位和政府监管工作中存在的问题，提出事故防范措施和整改建议。

9. 提交事故调查报告

在事故调查组全面完成事故调查任务的前提下，提交事故调查报告。该调查报告必须经事故调查组全体成员讨论通过并签名。

三、事故调查组成员的行为规范

《生产安全事故报告和调查处理条例》第二十八条对事故调查组成员的行为规范作了明确规定。

（1）事故调查组成员要有品德操守。事故调查组成员不管来自哪个部门和单位，均是事故调查组的一员，在参加事故调查工作中要讲诚信，要公正地开展事故调查工作，要全面了解事故调查中的有关情况，不得偏听、偏信，影响事故调查的公正。

（2）事故调查组成员要有工作操守。事故调查组成员要恪尽职守，兢兢业业，严格履行职责，充分发挥专业特长和技术特长，按时、高质量地完成调查组分配的调查任务。

（3）事故调查组成员要守纪、保密。事故调查组成员要遵守事故调查组的纪律，服从事故调查组的领导，廉洁自律，认真负责，协调行动。听从指挥的同时，要严格保守事故调查中的秘密。

（4）事故信息发布工作，应当由事故调查组统一安排，未经事故调查组组长允许，事故调查组成员不得擅自发布有关事故的信息。

第二节　工会参与事故调查的工作流程

一、事故调查的准备阶段

1. 赶赴事故现场

接到事故报告后，应急管理部门和对有关行业、领域的安全生产工作实施监督管理的部门按照分级、分线管理的原则，其负责人立即赶赴事故现场，组织事故救援与前期事故调查，并初步确定事故等级、类别和事故原因。

2. 依法组建事故调查组

调查组牵头单位向同级政府呈报《关于成立 ×× 事故调查组的请示》文件。请示文件应当载明事故基本情况、拟定的调查组牵头单位、调查组组长、调查组组成单位和邀请单位。根据事故的具体情况，事故调查组由有关人民政府，应急管理部门，对有关行业、领域的安全生产工作实施监督管理的部门，监察机关，公安机关以及工会派员组成，并邀请人民检察院派人参加。

成立调查组的请示文件经同级人民政府批准（或领导签字同意）后，调查组牵头单位向事故调查组各成员单位和邀请单位发出《关于成立 ×× 事故调查组的函》，函告有关调查事项。

3. 立案

牵头单位明确主办人员，由主办人员填写《立案审批表》，并由相关领导签署审批意见。

4. 制定事故调查工作方案

调查组牵头单位根据事故的具体情况制定事故调查工作方案，明确调查组织分工、调查组工作职责、各调查小组工作任务和调查工作要求。

5. 召开事故调查组第一次会议

调查组组长主持召开事故调查组第一次会议。会议通报事故发生基本情况，抢险救援情况，宣布调查工作方案，明确各调查组成员分工和任务，调查组组长对调查工作提出要求。会议要形成《会议纪要》。

二、事故调查的调查阶段

1. 组织事故现场勘察，提取相关物证

应急管理部门接到事故报告后，要立即派员赶赴事故现场，进行勘察。向当事人或目击者了解事故发生经过情况。提取事故现场存留的有关痕迹和物证（致害物、残留物、破损部件、危险物品、有害气体等），封存与事故有关的物件，并用摄影、照相等方法予以固定。对无法搬运或事故发生单位确需立即使用的物件，由勘察人员现场认定，并由事故发生单位负责人当场签字认可后，交付事故发生单位或相关单位保管或使用。

根据现场勘察和现场取证情况，绘制事故现场有关图纸［包括事故现场示意图、剖面图、工序（工艺）、流程图、受害者位置图等］。现场勘察完毕，向调查组提交《事故现场勘察报告》。勘察报告应当载明事故现场勘察人员、勘察时间、勘察路线，说明事故地点基本情况和与事故相关的情况，认定事故类别，附有相应的事故图纸、照片等。参与现场勘察的人员在勘察报告上签字认可。

2. 收集事故事实材料

收集证明事故等级、类别和事故发生的相关事实与材料。包括事故汇报记录、伤亡人员统计表、赔偿协议、尸检报告、遗体火化记录、死亡证明、医院伤害程度证明等，以及事故发生前生产设施、设备状况，有关技术文件和规章制度及执行情况，工作环境状况，受害人和肇事者的技术状况、健康状况等。同时收集事故发生单位、相关单位和部门的文件、规章制度、报表、台账、记录、图件和向调查组提供的书面证明（说明）。

收集有关书证证据时，调查组向相关单位（部门）提供证据清单，限期要求提供。提供复印件的，由提供单位签署“复印属实”并加盖公章，同时注明原件存放的单位（部门）。

3. 获取证人证言

证人证言包括调查询问笔录和有关人员提供的情况说明、举报信件等。调查人员制订事故调查询问计划和询问提纲，明确调查询问对象和询问内容，对事故现场目击者、受害者、当事人和相关管理人员、负有监督管理职责的人员进行调查询问。对事故发生负有责任的人员必须调查询问。认定的责任者的违法违规事实应当有 2 个以上的证人证言或其他有效证据。

4. 计算事故直接经济损失

按照国家标准统计事故直接经济损失。《事故直接经济损失表》由事故单位或其主管部门盖章认可。

5. 组织技术鉴定

对较大以上生产安全事故和事故原因复杂的一般事故，事故调查组委托具备国家规定资质的单位进行技术鉴定。承担技术鉴定的单位或专家按照相关要求，在调查组的领导下，依法认定事故发生的直接原因和相关事故参数，并向调查组提交完整的《技术鉴定报告》。

三、事故调查的分析阶段

1. 事故原因分析

事故原因分析包括直接原因分析和间接原因分析。从机械、物质（能量源和危险物质）、环境的不安全状态和人的不安全行为两个方面分析事故的直接原因。从技术、教育、管理、人的身体和精神等方面分析事故的间接原因。

2. 事故性质分析

根据事故原因进行事故性质分析，对事故严重程度以及是属于责任事故或非责任事故作出认定。

3. 事故责任分析

根据事故调查所确认的事实和直接原因、间接原因、事故性质，结合有关单位、有关人员（岗位）的职责和行为，对事故责任加以分析判断，确定事故责任人（直接责任者、主要责任者和领导责任者）。根据事故的后果、事故责任者应负的责任、是否履行职责及认识态度等情况，对事故责任者依法提出明确的处理建议。

4. 制定事故防范和整改措施建议

根据事故发生原因，向事故发生单位和相关单位提出针对性的事故防范和整改措施建议，确保有效防止同类事故的再次发生。

5. 召开事故分析会

事故现场调查完毕，事故调查组组长主持召开事故分析会，由调查组成员，事故发生单位、相关单位人员参加。会议通报事故调查情况，分析事故原因，提出防范措施，等等。

四、事故调查的审理阶段

1. 协调事故处理意见

根据事故原因分析、事故责任人的违法违规事实，调查组牵头单位提出事故处理初步意见，并与调查组成员协商、讨论后提交调查组审查。

2. 形成调查报告初稿

主办工作人员撰写调查报告。事故报告内容包括事故发生单位概况，事故发生经过和事故救援情况，事故造成的人员伤亡和直接经济损失，事故发生的原因和事故性质，事故责任的认定以及对事故责任者的处理建议，事故防范和整改措施。

事故调查报告附件资料包括调查组成员签名表、伤亡人员统计表、事故直接经济损失表、事故现场示意图、现场勘察（或技术鉴定）报告、主要证据清单。

3. 调查组审查调查报告

调查组组长主持召开事故调查组全体成员会议，审查调查报告。审查的主要内容是：事故经过是否查清楚；原因分析、性质认定、责任分析是否准确；报告撰写是否符合要求；等等。发现存在问题的，根据实际情况补充调查或修改事故调查报告。

4. 局务会审查调查报告

调查组牵头单位召开局务会审查事故调查报告。审查的主要内容是：调查处理是否符合法定要求；事故原因分析、性质认定是否准确；发现责任分析和处理意见存在问题的，根据实际情况补充调查或修改事故调查报告。

五、事故调查的处理阶段

1. 申请批复调查报告

事故牵头组织单位自事故发生之日起60日内，向政府呈报《关于审查批复 ×× 事故调查报告的请示》文件。

2. 政府审查批复调查报告

由同级政府审查调查报告，下发批复文件。

3. 移送相关案件

事故调查组牵头单位收到批复后，由主办人员填报《案件移送审批表》，制作《案件移送书》，将牵头单位无权处置的相关案件资料依法移送给相关部门和单位。

4. 司法机关依法追究涉嫌犯罪人员的刑事责任

司法机关接到《案件移送书》书后，依法立案查处。处理完毕后，15日内向批复事故调查报告的政府和调查组牵头单位书面通报处理情况。

5. 监察机关依法落实行政处分意见

根据批复文件，监察机关按程序依法对相关责任人的行政处分意见作出处分决定。处理完毕后，15 日内向批复事故调查报告的政府和调查组牵头单位书面通报处理情况。

6. 事故发生单位对本单位事故责任人员进行处理

事故发生单位收到批复后，在规定的时间到位。处理完毕后，15 日内向批复事故调查报告的政府和调查组牵头单位书面报告处理情况。

7. 有关机关依法对事故发生单位和有关人员进行处罚

有关机关收到批复或《案件移送书》后，在规定的时间到位。处理完毕后，15 日内向批复事故调查报告的政府和调查组书面通报处理情况。

8. 事故发生单位落实防范和整改措施

事故发生单位收到批复后，在规定的时间落实到位。落实完毕后，15 日内向批复事故调查报告的政府和调查组牵头单位书面报告处理情况。

9. 应急管理部门和对有关行业、领域的安全生产工作实施监督管理的部门监督检查防范和整改措施的落实情况

收到事故发生单位防范和整改措施的落实情况的报告，或规定的整改期限到期后，应急管理部门和对有关行业、领域的安全生产工作实施监督管理的部门监督检查防范和整改措施的落实情况。对落实不到位的进行进一步处理，并向批复事故调查报告的政府和调查组通报落实情况。

10. 向社会公布事故处理情况

事故调查组牵头单位在当地主流媒体或门户网站上公布处理结果，接受社会监督。

11. 整理事故案卷

主办工作人员填报《结案审批表》，报本局负责人审批。批准同意结案后，制作《案卷首页》和《卷内目录》，按一卷一档的原则，将调查报告，各类请示、批复文件，相关证据材料，处理落实材料，相关执法文书等整理归档。

第三节　工会参与事故调查的基本内容

一、事故调查的基本原则

2011年11月26日颁布实施的《国务院关于坚持科学发展安全发展促进安全生产形势持续稳定好转的意见》提出，要严格按照“科学严谨、依法依规、实事求是、注重实效”的原则，认真调查处理每一起事故，这一原则是从多年事故救援、调查工作实践中总结出来的，符合事故调查的基本规律，且多次被写入相关部门规章或规范性文件中，对事故调查工作起到了重要的指导作用。

1. 科学严谨

科学严谨是指事故调查要尊重事故发生的客观规律，采取科学的方法，认真、细致、全面地获取证据、材料。生产安全事故的调查处理具有很强的科学性和技术性，特别是事故原因的调查，往往需要做很多技术上的分析和研究，利用很多技术手段。事故调查组要有科学的态度，不主观臆断，不轻易下结论，努力做到客观、公正；要注意充分发挥专家和技术人员的作用，把对事故原因的查明，事故责任的分析、认定建立在科学的基础上。

2. 依法依规

依法依规是指事故调查工作要严格遵守有关法律、法规的规定，经过必要的程序，保证调查程序的公正和调查结果的公正。目前，一些法律、法规对于事故调查做出了具体的规定。事故发生后，事故调查主体、调查程序和调查结果的认定，要严格按照这些规定执行。对于事故性质、原因和责任分析，也要按照有关规定的标准进行，做到依法（规）有据。

3. 实事求是

实事求是是指要根据客观存在的情况和证据，研究与事故发生有关的事实，寻求事故发生的原因。在事故调查中，必须全面、彻底查清生产安全事故的原因，不得夸大事故事实或缩小事故事实，不得弄虚作假。要从实际出发，在查明事故原因的基础上明确事故责任。提出处理意见要实事求是，不得从主观出发，不能感情用事，要根据事故责任划分，按照法律、法规和国家有关规定对事故责任人提出处理意见。

4. 注重实效

注重实效是指事故调查中既要对事实进行充分、准确的还原，也要注重调查的效率，还要在调查过程中及时发现问题，总结教训，对今后的类似事故起到警示的作用。

二、事故调查的主要任务

1. 及时、准确地查清事故原因

及时、准确地查清事故原因，是事故调查处理的首要任务和内容，也是进行下一步分清责任，出具处理意见的基础。查清事故原因，重在及时、准确。所谓及时，就是应在规定的时间内尽快查出事故原因。一般情况下，事故调查组应当自事故发生之日起 60 日内完成调查，提交事故调查报告；特殊情况下，经负责事故调查的人民政府批准，提交事故调查报告的期限可以适当延长，但延长的期限最长不超过 60 日。所谓准确，是指应当客观地、全面地反映事故发生的原因。

2. 查明事故性质和责任

查明事故性质和责任是指要查明事故的类型和具体责任的承担。事故性质是指事故是人为事故还是自然事故，是意外事故还是责任事故。查明事故性质是认定事故责任的基础和前提。如果事故纯属自然事故或者意外事故，则不需要认定事故责任。如果是人为事故和责任事故，就应当查明哪些人员对事故负有责任，并确定其责任。

3. 评估应急处置工作

事故发生后，应当采取应急处置工作，但是应急处置采取的措施是否科学、合理，需要进行评估。2019 年颁布的《生产安全事故应急条例》中要求，按照国家有关规定组成的生产安全事故调查组应当对应急救援工作进行评估，并在事故调查报告中作出评估结论。

4. 总结事故教训，提出整改措施

安全生产工作的根本方针是安全第一、预防为主、综合治理。通过查明事故经过和事故原因，发现安全生产管理工作的漏洞，从事故中总结教训，并提出整改措施，防止今后类似事故再次发生，这是事故调查处理的重要任务和内容之一，也是事故调查处理的最根本目的。

5. 对事故责任单位和具体责任人员提出处理意见

生产安全事故责任追究制度是我国安全生产领域的一项基本制度。明确事故责任单位和具体责任人员，对事故责任单位和具体责任人员分别提出不同的处理建议，使有关责任者受到合理的处理，包括给予党纪处分、行政处分或者建议追究相应的刑事责任，这对于增强有关单位和人员的责任心，提高生产经营单位预防事故的水平和提高地方人民政府及其监管部门的责任意识，预防事故再次发生，具有重要的警示意义。

三、事故调查的取证

事故发生后，在进行事故调查的过程中，事故调查的取证是完成事故调查过程中非常重要的一个环节，如何进行事故调查的取证在国家的法规标准中都给出了相应的方法和技术手段。事故调查的取证主要有以下几个方面。

（一）事故现场处理

为保证事故调查、取证客观公正地进行，在事故发生后，要对事故现场进行保护。事故现场的处理至少应当做到以下几条。

（1）事故发生后，应救护受伤害者，采取措施制止事故蔓延扩大。

（2）认真保护事故现场，凡与事故有关的物体、痕迹、状态，不得破坏。

（3）为抢救受伤害者需要移动现场某些物体时，必须做好现场标志。

（4）保护事故现场区域，不要破坏现场，除非还有危险存在；准备必需的草图梗概和图片；仔细记录或进行拍照、录像并保持记录的准确性。

（二）事故有关物证收集

（1）现场物证，包括破损部件、碎片、残留物、致害物的位置等。

（2）在现场收集到的所有物件均应贴上标签，注明地点、时间、管理者。

（3）所有物件应保持原样，不准冲洗、擦拭。

（4）对健康有危害的物品，应采取不损坏原始证据的安全防护措施。

（5）对事故的描述，以及估计的破坏程度。

（6）正常的运作程序。

（7）事故发生地点、地图（地方与总图）。

（8）证据列表以及事故发生前的事件。

（三）事故材料收集

事故材料的收集应包括两方面内容。

1. 与事故鉴别、记录有关的材料

（1）发生事故的单位、地点、时间。

（2）受害人和肇事者的姓名、性别、年龄、文化程度、职业、技术等级、工龄、本工种工龄、支付工资的形式。

（3）受害人和肇事者的技术状况、接受安全教育情况。

（4）出事当天，受害人和肇事者什么时间开始工作、工作内容、工作量、作业程序、操作时的动作（或位置）。

（5）受害人和肇事者过去的事故记录。

2. 事故发生的有关事实

（1）事故发生前设备、设施等的性能和质量状况。

（2）使用的材料，必要时进行物理性能或化学性能实验与分析。

（3）有关设计和工艺方面的技术文件、工作指令和规章制度方面的资料及执行情况。

（4）关于工作环境方面的状况，包括照明、湿度、温度、通风、声响、色彩度、道路、工作面情况以及工作环境中的有毒、有害物质取样分析记录。

（5）个人防护措施状况，应注意其有效性、质量、使用范围。

（6）出事前受害人和肇事者的健康状况。

（7）其他可能与事故致因有关的细节或因素。

（四）事故人证材料收集记录

当事故发生后，应尽快寻找证人，收集证据。同时要与在事故发生之前曾在现场的人员，以及那些在事故发生之后立即赶到事故现场的人员进行交谈。要保证每一次交谈记录的准确性。如果需要并得到许可，可以使用录音设备。

询访见证人、目击者和当班人员时，应采用谈话的方式，不应采用审问的方式。同时，必须寻找见证人，他们可提供与事故调查有关的各方面的信息，包括事故现场状态、周围环境情况及人为因素。洞察力、听觉敏锐力、反应能力以及证人的通常状态可能影响他们的观察能力。证人可能忽略了整个事故发生的顺序，原因在于证人可能没有观察到或者没有认识到整个事故发生的顺序的重要性。

（五）事故现场摄影及事故现场图绘制

1. 事故现场摄影

在收集事故现场的资料时，可能要通过对事故现场进行摄影或拍照来获得更清楚的信息。

（1）显示事故现场和受害者原始存息地的所有照片。

（2）可能被清除或被践踏的痕迹，如刹车痕迹、地面和建筑物的痕迹、火灾爆炸引起的损害、受害者的受伤部位等，要及时拍照。

（3）事故发生现场全貌。

（4）进行摄影或录像，以提供较完善的信息内容。

2. 事故现场绘图绘制

对事故发生地点全面地初步研究拍照之后，开始绘制事故现场图。当采用简单方案时，通过测量某检查点与主要事故现场之间的距离和方位，绘制事故位置图。

（1）确定事故发生地点坐标、伤亡人员的位置图。

（2）确定涉及事故的设备各构件散落的位置并作出标记，测定各构件在该地区的位置。

（3）查看、测出和分析事故发生时留在地面上的痕迹。

（4）必要时，绘制现场剖面图。

（5）绘制图的形式，可以是事故现场示意图、流程图、受害者位置图等。

四、事故调查分析

事故调查完毕之后要进行合理、科学的分析，分析的基本程序和内容如下。

（1）整理和阅读调查材料。

（2）材料分析。材料分析是对受害者的受伤部位、受伤性质、起因物、致害物、伤害方式、不安全状态、不安全行为等进行分析、讨论和确认。

（3）事故直接原因分析。事故直接原因分析是对人的不安全行为和物的不安全状态进行分析。

（4）事故间接原因分析。主要是对事故发生起间接作用的管理因素的分析。

（5）事故责任分析及处理。事故责任分析是在查明事故的原因后，应分清事故的责任，使企业领导和职工从中吸取教训，改进工作；应通过调查事故的直接原因和间接原因，确定事故的直接责任者和领导责任者及其主要责任者，并根据事故后果对事故责任者提出处理意见。

五、事故调查报告撰写

（一）事故调查报告正文应当包括的内容

事故调查报告正文应当包括以下内容。

（1）事故发生单位概况。

（2）事故发生经过和事故救援情况。

（3）事故造成的人员伤亡和直接经济损失。

（4）事故发生的原因和事故性质。

（5）事故责任的认定以及对事故责任者的处理建议。

（6）事故防范和整改措施。

（二）事故调查报告附件应当包括的内容

事故调查报告附具的有关证据材料是事故调查报告的重要部分，应作为事故调查报告的附件一并提交。事故调查报告附具的有关证据材料应当具有真实性，并作为事故调查报告的附件予以详细登记，必要时有关当事人及获得该证据材料的事故调查组成员应当在证据材料上签名。事故调查组成员在事故调查报告上的签名页是事故调查报告的必备内容，没有事故调查组成员签名的事故调查报告，可以不予批复。

本讲思考

1.《安全生产法》和《工会法》中对工会参与事故调查做了哪些规定？

2. 事故调查组的职责包含哪些内容？

3. 事故调查处理工作流程包括哪几个阶段?

4. 事故调查的主要任务是什么?

5. 事故调查的取证主要包括哪几个方面?

6. 事故调查报告应当包括哪些内容?

第四讲

工会与隐患排查

本讲要点

1. 了解工会组织职工开展隐患排查的基本职责。

2. 理解工会组织职工开展隐患排查的工作流程。

3. 掌握工会组织职工开展隐患排查的基本内容。

引导案例

湖北十堰市张湾区“6·13”燃气爆炸事故

2021 年 6 月 13 日 6 时 42 分许，位于湖北省十堰市张湾区艳湖社区的集贸市场发生重大燃气爆炸事故，造成 26 人死亡，138 人受伤，其中重伤 37 人，直接经济损失约 5395.41 万元。涉事故建筑物底部河道内参与爆炸的天然气体积约 $600m^3$，爆炸当量 225kgTNT。爆炸现场以涉事故建筑物为中心向四周辐射。涉事故建筑物严重损坏，一层地面楼板除东南角四榜局部残存外，其余垮塌掉落下方河道；一层建筑隔墙 3/4 倒塌，破坏程度西侧重于东侧；二层地面楼板除东侧六榜残存外，其余楼板垮塌掉落下方河道，二层建筑隔墙 2/3 倒塌；建筑西端有两榜屋顶被炸穿；建筑四周墙体、门窗绝大部分向外倒塌或抛出。建筑周边建筑门窗破坏严重，波及周边商铺和 33 栋 1678 户居民住宅。经调查，事故直接原因是天然气中压钢管严重锈蚀破裂，泄漏的天然气在建筑物下方河道内密闭空间聚集，遇餐饮商户排油烟管道火星发生爆炸。事故暴露了违规建设形成隐患、隐患长期得不到排查整改、物业管理混乱、现场应急处置不当等问题。

案例思考

（1）在日常生产中，如何进行密闭空间事故隐患排查?

（2）在监督管理中，如何解决隐患长期得不到排查整改的问题?

第一节　工会组织职工开展隐患排查的基本职责

2024 年 3 月 5 日，习近平总书记在参加十四届全国人大二次会议江苏代表团审议时强调，要抓好安全生产，进一步做好安全隐患排查，强化预警监测，落实应急措施，保障人民群众生命财产安全。加强工会劳动保护工作，是贯彻落实习近平总书记关于安全生产工作系列重要指示批示精神的应有之义，工会对于隐患排查方面要充分体现其监督职责。

一、组织动员职工立足岗位开展隐患排查

事故隐患是安全生产各种矛盾问题的集中表现，是滋生事故的土壤。各级工会应深刻认识组织职工做好安全生产隐患排查治理工作的重要性、必要性和紧迫性，按照国务院办公厅发出《关于进一步开展安全生产隐患排查治理工作的通知》的要求，积极参与本地区、本行业和本单位安全生产隐患排查治理工作方案的制定和实施，把隐患排查治理作为工会维权工作的一项重要任务，周密部署，精心组织，动员职工做好安全生产隐患排查治理工作，有效遏制重特大事故的发生，切实维护职工的安全健康权益。企业工会要将隐患排查治理列为职代会、厂务公开的重要内容，通过组织职工代表巡视等途径推动隐患排查治理工作的落实。各级工会劳动保护部门要把安全生产隐患排查治理作为工作的重中之重，集中力量，集中精力，积极主动地开展工作，协同政府安全监管部门落实隐患治理排查的各项任务，努力为职工创造良好的安全生产环境。工会对隐患排查工作的监督职责主要包括以下几个方面。

1. 督促企业落实主体责任

切实履行法律赋予工会的监督职责，督促企业贯彻落实安全生产相关法律法规，履行安全生产主体责任和企业全员安全生产责任制，执行安全生产规章制度和操作规程，加强现场安全管理和重大危险源监控，强化关键设施装置安全运行维护和落实安全防范措施。督促建立健全职业病防治责任制，采取职业病防治管理措施，采用有效的职业病防护设施。加大资金投入，实施安全生产和职业病防治教育培训计划，提高企业安全生产和职业病防治水平。

2. 落实职工在安全生产和职业病防治中的民主权利

督促企业充分发挥职代会作用，保障广大职工的知情权、参与权、表达

权、监督权。在制定涉及职工安全健康合法权益的规章制度、确定涉及安全生产和职业病防治的重大事项时，要广泛征求职工意见，经过职代会审议通过。在开展劳动安全卫生集体协商、签订专项集体合同时，要与职工认真协商达成共识，经职代会审议通过。积极推动企业建立健全重大隐患治理情况向负有安全生产监督管理职责的部门和企业职代会“双报告”制度。

3. 参与安全生产监督检查

积极配合协助政府或企业开展安全生产和职业病防治监督检查，促进企业和职工增强安全意识，消除生产过程中的不安全因素。工会要主动监督、敢于监督、善于监督，对监督检查中发现的违章指挥、强令职工冒险作业、生产设备安全隐患突出、职工培训不足等危害职工安全健康权益的重大问题，要依法采取相应措施予以制止，并向政府相关部门反映，提出工会的处理意见，督促、跟踪企业及时整改。

4. 参与监督“三同时”的实施

生产经营单位工会要督促本单位新建、改建或扩建的工程项目严格落实法律法规和标准规范，劳动安全卫生设施必须与主体工程同时设计、同时施工、同时投入生产和使用，对不符合“三同时”规定或安全卫生设施不达标的，要向有关部门反映，提出改进意见和建议，并督促整改。

二、建立隐患排查奖励举报制度

按照《中华全国总工会关于组织职工开展安全生产隐患排查治理工作的意见》的要求，充分调动广大职工的积极性和主动性，组织动员职工立足岗位开展隐患排查，把隐患当事故来对待，力争把事故隐患解决在萌芽状态。要建立安全生产奖励举报制度，公布举报电话，设立举报电子邮箱，畅通举报渠道，为广大职工参与举报生产事故和严重职业危害提供便利。要认真受理举报的问题，保护举报人的合法权益，及时将举报内容向当地政府或该企业反映，对举报信息内容经核实属实的，依据事故隐患分级给予奖励，所需经费由各级工会从年度经费预算中列支。

三、建立健全隐患跟踪监督整改制度

工会劳动保护组织在推动安全生产、维护职工安全健康权益中具有重要作用。各级工会劳动保护组织要动员职工广泛开展“查隐患、堵漏洞、排险情”和“防违章”等活动，引导职工从本岗位做起，严把安全生产关。要把事故隐患排查治理列入“安康杯”竞赛等各项安全竞赛，以“治理隐患、防范事故”深化安全生产群防群治活动。要积极协同政府有关部门组织开展安全生产检查，对重点地区、重点行业和重点单位加大监督检查力度，彻底排查治理各类事故隐患。要督促各生产经营单位落实隐患排查治理的主体责任，建立健全隐患跟踪监督整改制度，落实隐患整改措施和资金。对严重危害职工生命安全和身体健康的突出问题，要抓住不放、限期整改，对拒不整改的，要及时向政府有关部门和上级工会反映，并坚持跟踪监督、推动整改到位。要及时充实工会劳动保护监督检查员队伍，提高队伍的整体素质，以适应加强工会劳动保护工作的需要。

四、职工隐患排查受理

职工隐患排查受理是一个涉及企业安全管理和职工参与的重要流程。

1. 建立隐患排查治理工作机制

企业应建立隐患排查治理工作机制，明确责任并制定规章制度。这包括建立隐患排查治理的责任制度，明确相关部门和人员的职责和权限，确保责任到人。同时，制定具体的隐患排查治理要求和流程，确保各项工作有章可循。

2. 建立企业隐患排查治理工作组

在隐患排查方面，企业应成立隐患排查治理工作组，明确工作范围、职责和权利。制订隐患排查治理计划，确定排查的时间、地点和参与人员。现场勘察是隐患排查的重要环节，需要了解工作场所、设备、工艺等情况，记录可能存在的隐患。此外，还要收集相关资料，了解法律法规、技术标准等要求，与实际情况进行对比，查找不符合要求的地方。

3. 建立企业隐患排查治理复查和评估

在隐患受理环节，企业应建立隐患排查治理档案资料，包括隐患排查记录、整改台账、事故案例等。当职工发现隐患时，可以通过这些渠道进行上报。企业应对上报的隐患进行及时受理，并安排专业人员进行核实和评估。

一旦隐患被确认，企业应立即制定整改措施，明确整改责任人和整改期限。同时，要将隐患信息、整改措施和整改期限等内容向职工进行通报，确保职工了解并参与到隐患的整改过程中。

在隐患治理完成后，企业还应进行复查和评估，确保整改措施的有效性。对于未能及时整改或整改不彻底的隐患，企业应加大力度进行督办和问责。

职工隐患排查受理是一个系统性、流程化的过程，需要企业各级领导和职工的共同努力与参与。通过建立健全隐患排查治理工作机制，加强职工的安全意识和培训，可以有效预防和减少事故的发生，保障企业的安全生产和职工的生命财产安全。

第二节　工会组织职工开展隐患排查的工作流程

企业隐患排查治理的工作流程可分为隐患填报，隐患整改，隐患复查，隐患签转与撤销，隐患统计、报表、给上级主管部门上报数据。

一、隐患填报

隐患填报是一个涉及安全管理和风险控制的重要环节，其一般步骤和注意事项如下。

1. 隐患发现与记录

当员工或相关人员发现新的安全隐患时，应首先记录隐患的具体信息，包括隐患的位置、性质、可能导致的风险和影响等。这些信息应尽可能详细，以便于后续的分析和整改。

2. 填写隐患报告

隐患发现者需要填写隐患报告，报告中应包含隐患的描述，发现时间、地点、可能的原因以及初步的建议或措施。

3. 提交与审核

填写完隐患报告后，应提交给相关的安全管理部门或负责人进行审核。审核人员会对报告的准确性和完整性进行检查，并确认隐患的级别和紧急程度。

4. 上报与决策

经过审核后，如果隐患被认定为重大事故隐患，则需要上报给公司高层或相关政府部门。同时，制订整改计划，明确责任人、整改措施和整改时限。

二、隐患整改

隐患整改是一个系统性的过程，主要目的是消除或降低工作、生活和生产环境中存在的潜在危险或不安全因素，从而确保人员和财产的安全。隐患整改的主要内容如下。

1. 制定重大事故隐患整改方案

（1）根据隐患的评估结果，制定具体的整改措施，包括技术改进、设备更新、流程优化等。

（2）明确整改的责任人、时间节点和所需的资源。

2. 实施重大事故隐患整改措施

（1）落实整改方案，确保整改措施的有效执行。

（2）在整改过程中，要加强监督检查，确保整改工作的质量和进度。

三、隐患复查

隐患复查是在安全隐患整改工作完成后进行的重要步骤，其目的是确保隐患已经得到有效解决，并预防可能的事故或损失。隐患复查的内容主要包括以下几个方面。

1. 整改措施的有效性

检查之前制定的整改措施是否已经得到全面、有效的执行。这包括检查整改措施是否按照预定的计划和时间表进行，以及是否达到了预期的整改效果。

2. 隐患的消除情况

对之前发现的安全隐患进行再次检查，确认这些隐患是否已经被彻底消除或降低到可接受的水平。这涉及对整改后的工作场所、设备、操作流程等进行细致的检查和评估。

3. 安全条件的改善

检查整改工作是否改善了整体的安全条件，包括工作环境、员工的安全意识和操作习惯等。这有助于评估整改工作是否达到了提高整体安全水平的目标。

4. 复查记录和报告

对复查过程进行详细记录，包括复查的时间、地点、参与人员、发现的问题以及整改建议等。同时，根据复查结果编写复查报告，向上级主管部门或相关机构汇报复查情况。

在进行隐患复查时，应确保复查工作的公正性和客观性，避免任何形式的偏见或疏忽。同时，对于复查中发现的问题，应及时进行处理和解决，以确保安全隐患得到彻底的消除和控制。

四、隐患签转与撤销

隐患签转与撤销是隐患排查治理流程中的两个重要环节，它们确保了隐患处理流程的完整性和准确性。

1. 隐患签转

隐患签转通常发生在以下几种情况：一是当某个隐患的整改责任需要从一个部门或人员转移到另一个部门或人员时；二是当隐患的整改难度或影响范围超出当前部门或人员的处理能力时；三是当需要对隐患进行进一步的专业评估或处理时。隐患签转的过程中，应详细记录签转的原因、时间、接收部门或人员等信息，以确保隐患处理流程的连续性。

2. 隐患撤销

隐患撤销则是在隐患得到妥善处理并经过复查确认后进行的操作。当隐患已经被彻底消除，或者经过评估认为该隐患不再构成威胁时，可以进行隐患撤销。隐患撤销应基于充分的复查结果和评估依据，以确保隐患处理的有效性和安全性。撤销隐患时，需要填写隐患撤销申请表，详细记录隐患撤销的原因、依据、复查情况等，并经过相关部门或人员的审批。

隐患签转与撤销的目的是确保隐患得到及时、有效的处理，同时避免不必要的资源浪费和重复工作。通过这两个环节，企业可以建立起一套完整的隐患排查治理体系，提高安全生产管理水平，减少事故发生的可能性。

五、隐患排查治理

企业隐患排查治理现在基本上已经引入信息化手段，企业隐患排查治理软件提供对隐患按照上报、整改与复查的闭环管理，在流程中对“整改措施、责任、资金、时限和预案”五到位进行严格控制管理，管理人员可以在平台中即时查询隐患的发现和治理情况，对发现的问题进行复查；系统可以输出符合国家安监系统要求的隐患报告单和统计报表，帮助企业实现对隐患排查治理的相关要求，其关系可以参照图 1。

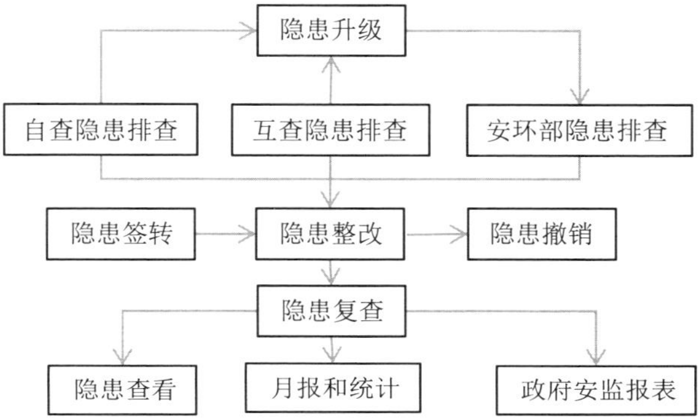

图 1　企业隐患排查治理流程

系统一般都符合以下几条。

（1）由发现（评估）、整改、复查 3 个主干节点构成的隐患排查治理业务流程，重点实现隐患的闭环管理。

（2）实现隐患排查信息及时上报，整改批复及时下达，加速信息周转效率。

（3）建立隐患排查全企业一本动态台账。

（4）实时数据和历史数据的图形化的统计，为管理者提供决策依据。

（5）打印规范的隐患通知单。

（6）符合国家要求的隐患排查治理报表生成。

第三节　工会组织职工开展隐患排查的基本内容

在《安全生产事故隐患排查治理暂行规定》（2017 年 12 月 28 日国家安全生产监督管理总局令第 16 号公布）中，安全生产事故隐患（以下简称事故隐患）是指生产经营单位违反安全生产法律、法规、规章、标准、规程和安全生产管理制度的规定，或者因其他因素在生产经营活动中存在可能导致事故发生的物的危险状态、人的不安全行为和管理上的缺陷。根据规定，事故隐患分为一般事故隐患和重大事故隐患两大类。

一、一般事故隐患排查

一般事故隐患是指危害和整改难度较小，发现后能够立即整改排除的隐患。一般事故隐患的危害和整改难度较小，发现后能够立即整改排除。这里的一般事故是指发生后能够造成轻微人员伤亡、财产损失或其他不良后果的事故。一般事故隐患通常具有潜在危险程度较低的特点，即它们在一定的条件下才会引发事故。然而，事故隐患的存在对职工的人身安全、国家的财产安全和企业的生存、发展都直接构成威胁。

因此，正确认识隐患的特征，对熟悉和掌握隐患产生的原因，及时研究并落实防范对策是十分重要的。要特别注意，任何类型的事故隐患都需要得到重视和及时处理，以预防潜在的安全事故。

二、重大事故隐患排查

重大事故隐患是指危害和整改难度较大，应当全部或者局部停产停业，并经过一定时间整改治理方能排除的隐患，或者因外部因素影响致使生产经营单位自身难以排除的隐患。目前，各行业领域对重大事故隐患出台了隐患判定标准并不定期进行更新，如 2023 年，中华人民共和国应急管理部第 10 号令发布了《工贸企业重大事故隐患判定标准》，原 2017 版《工贸企业重大事故隐患判定标准》（安监总管四〔2017〕129 号）同步废止。

隐患排查治理的内容包括全面排查治理各生产经营单位及其工艺系统、基础设施、技术装备、作业环境、防控手段等方面存在的隐患，以及安全生产体制机制、制度建设、安全管理组织体系、责任落实、劳动纪律、现场管理、事故查处等方面存在的薄弱环节。同时，通过对安全生产隐患排查治理，进一步检查地方各级人民政府及有关部门落实监管责任，打击非法建设、生产、经营行为，事故查处及责任追究落实，有关政策措施制定和执行，安全许可制度实施，长效机制建设等方面的情况。

本讲思考

1. 工会在企业隐患排查中从哪些方面进行指导？
2. 工会在发现事故隐患后应当如何处置？
3. 工会参与企业隐患排查的工作流程是什么？

第五讲

工会与教育培训

本讲要点

1. 了解工会组织职工教育培训的基本职责。

2. 熟悉工会组织职工教育培训的工作流程。

3. 掌握工会组织职工教育培训的基本内容。

引导案例

作业人员违法违规操作导致重大火灾事故

2022年11月21日16时许，河南省安阳市文峰区安阳市某公司负责人违反相关法律法规规定，在未取得特种作业操作证的情况下，在一层仓库内违法违规电焊作业，导致高温焊渣引燃包装纸箱，纸箱内的瓶装聚氨酯泡沫填缝剂受热爆炸起火，进而使大量黄油、自喷漆、除锈剂、卡式炉用瓶装丁烷和手套、橡胶品等相继快速燃烧蔓延，并产生大量高温有毒浓烟。火灾发生时，该公司一层仓库的部分消防设施缺失，二层的消防设施被人为关停失效，公司负责人未及时有效组织员工疏散撤离，导致发生特别重大火灾事故，造成42人死亡、2人受伤，直接经济损失12311万元。

案例思考

（1）为什么规定未取得特种作业操作证不得进行焊接作业？

（2）如何开展企业一线工人的专业技能培训？

（3）在新时代背景下，新业态从业人员如何开展安全教育培训？

第一节　工会组织职工教育培训的基本职责

一、参与职工教育管理和监督

《工会法》第三十二条规定，工会会同用人单位加强对职工的思想政治引领，教育职工以国家主人翁态度对待劳动，爱护国家和单位的财产；组织职工开展群众性的合理化建议、技术革新、劳动和技能竞赛活动，进行业余文化技术学习和职工培训，参加职业教育和文化体育活动，推进职业安全健康教育和劳动保护工作。

工会在职工教育培训中扮演着重要的角色，其职责之一是参与教育的管理和监督工作。这包括确保培训计划的实施符合既定目标和质量标准，并且监督培训过程中的各个环节，以保证培训的有效性和合理性。工会还需确保培训内容与国家法律法规相符合，并且维护职工在接受培训过程中的合法权益。

二、办好工会各级各类文化教育阵地

工会负责建立和完善各类文化教育阵地，如工人文化宫、职工学校等，这些平台是职工学习和提升自我素质的重要场所。工会需要不断丰富这些教育阵地的活动内容和服务功能，使其更好地服务于职工的学习需求和兴趣发展。

三、组织好职工岗位培训

针对职工的岗位职责和工作特点，工会需组织相应的岗位技能培训。这类培训旨在提高职工的业务能力和工作效率，帮助他们适应岗位要求的变化，促进个人职业发展。工会要确保培训内容的实用性和针对性，鼓励职工积极参与。

四、引导职工读书自学、岗位成才

工会有责任推广自主学习的理念，鼓励职工通过阅读书籍、参加在线课程等方式进行自我提升。工会可以通过建立读书会、推荐优秀书目、提供学习资源等方式，营造良好的自学环境，帮助职工在岗位上成长为专业人才。

五、下岗职工再就业培训

对于因各种原因下岗的职工，工会有责任为他们提供再就业培训服务。这类培训旨在帮助下岗职工更新职业技能，提高就业竞争力，以便更快地重新融入劳动市场。工会应密切关注下岗职工的需求，提供定制化的培训方案，并与企业和政府机构合作，为下岗职工创造更多的就业机会。

第二节　工会组织职工教育培训的工作流程

当前，职工教育培训中的问题主要体现在：一是教育培训不被重视。企业没有建立完善的培训体系，有的施教人员应付差事，直接每人发一份试卷让其抄写，教育培训草草了事。二是教育培训针对性不强。施教人员往往把所有人聚集到一起，不分工种和岗位地培训，许多人经过培训并不知道自身工作岗位上存在的危险因素、防范措施以及应急处理方法。三是培训教学形式单一，培训时施教人员在上面讲，时间一久，受教育人员感到枯燥无味，没有了学习的心思，教育结束后，施教人员工作完成，却没有什么培训效果。针对企业职工教育培训中存在的主要问题，工会组织要注重职工教育培训的工作流程。

一、确认培训项目

工会在开展职工教育培训之前，首先要对职工的需求进行调研，了解他们在工作中遇到的困难和挑战，以及他们对个人职业发展的期望。通过问卷调查、座谈会或个别访谈等方式收集信息，工会可以确定哪些培训项目是必要的。比如针对安全培训，可以提高职工的安全意识和安全素质，通过教育培训，完成从“要我安全”到“我要安全”最终到“我会安全”的质的转变。通过不断培训，受教育人员的安全意识越来越强，能够及时对生产环境的危险因素作出正确的判断，从而有效降低安全事故的发生。但调查显示，近年来，多数的企业仍没有把安全教育当作企业文化的组成部分，没有把安全培训工作融入企业的生产管理中。

二、确定培训资料和教材

一旦培训项目确定下来，工会就需要选择合适的培训资料和教材。这可能涉及与专业教育机构合作，或者从市场上购买现成的教材。目前众多企业安全培训存在的问题是针对性和实用性不强。工会要对不同工种、不同人员、不同专业进行岗位技能的安全操作培训，使受教育人员掌握专业的安全知识，记在心里做在手上。所以，采用的培训资料和教材应突出培训的重点要点，合理安排教育时间，编辑制作符合现场作业内容的视频培训教材和考试题库，并不断改进。工会还应确保培训内容的实用性和时效性，保证培训教案的内容要有针对性，教育培训的方法要因人、因地、因事制宜，以便职工能够学到最新的知识和技能。

三、制订培训计划和工作目标

制订详细的培训计划是成功实施教育培训的关键。工会需要设定清晰的培训目标，包括培训的时间表、地点、参与人员、培训师资质等。此外，还应该制定评估标准，以便于后续检验培训效果。

四、具体实施培训

在准备工作完成后，工会可以开始实施培训，其包括安排培训场地、通知职工参加、准备培训设备等。在培训过程中，工会应确保培训的连续性和稳定性，同时鼓励职工积极参与，使安全教育能够被接受，能够达到预期的效果。工会还可以多利用已有的工作环境，认真开展班前讲话、班后点评、应急演练和现场操作演示等一系列动静结合的教育方式，或者组织人员针对当前工序进行安全交底，召开安全例会和事故案例分析会，注重安全文化氛围的营造。运用简单、形象、直接的教育培训手段，提高受教育人员对安全培训内容的兴趣，在兴趣中获得知识并提升技能。

安全培训不应只是在会议室中，还应该利用安全文化墙、挂贴条幅和宣传画、现场观摩交流、案例演示、安全体验馆、网络宣传、微信群宣传等形式，还要结合现场施工情况实际，开展操作技能比武、安全百日竞赛、安全常识竞赛等活动。结合实际运用，以启发、感化为主，努力营造一个良好的安全文化氛围，激励全员自觉主动接受教育，接受安全。

五、检验培训效果

培训结束后，工会需要对培训效果进行检验。这可以通过考试、实际操作演示、问卷调查等多种方式进行。通过收集反馈信息，工会可以评估培训是否达到了预期目标，以及职工的技能是否有所提升。

六、制订下一阶段的培训计划

根据检验培训效果的结果，工会应当总结经验教训，并据此制订下一阶段的培训计划。该计划应当考虑到之前培训的成功之处和需要改进的地方，以确保职工教育培训工作的持续改进和发展。

通过以上 6 个步骤，工会可以有效地组织和管理职工教育培训工作，不断提升职工的技能和知识水平，促进职工的个人发展，提升企业的整体竞争力。

第三节　工会组织职工教育培训的基本内容

工会组织职工教育培训的基本内容通常包括专业技能培训、职业素养培训、综合素质培训、思想政治教育、管理基础知识和生产专业知识教育等。在培训形式上，工会可以采取集中培训、专题培训等多种方式，结合单位实际需要和职工工作实际，灵活安排培训内容和方法。

一、三级安全教育培训

三级安全教育是指厂、车间、班组的安全教育。三级安全教育是我国多年积累、总结并形成的一套行之有效的安全教育培训方法。

1. 厂级安全教育培训

厂级安全教育培训是入厂教育的一个重要内容，培训重点是生产经营单位安全风险辨识、安全生产管理目标、规章制度、劳动纪律、安全考核奖惩、从业人员的安全生产权利和义务、有关事故案例等。

2. 车间级安全教育培训

车间级安全教育培训是在从业人员工作岗位、工作内容基本确定后进行的，由车间一级组织。培训重点是本岗位工作及作业环境范围内的安全风险辨识、评价和控制措施，典型事故案例，岗位安全职责、操作技能及强制性标准，自救互救、急救方法、疏散和现场紧急情况的处理，安全设施、个人防护用品的使用和维护。

3. 班组级安全教育培训

班组级安全教育培训是在从业人员工作岗位确定后，由班组组织，班组长、班组技术员、安全员对其进行安全教育培训，除此以外，自我学习是重点。我国传统的“师带徒”的方式，也是搞好班组安全教育培训的一种重要方法。进入班组的新从业人员，都应有具体的跟班学习、实习期，实习期间不得安排其单独上岗作业。由于生产经营单位的性质不同，对于学习、实习期，国家没有统一规定，应按照行业的规定或生产经营单位自行确定。实习期满，通过安全规程、业务技能考试方可独立上岗作业。班组安全教育培训重点是岗位安全操作规程、岗位之间工作衔接配合、作业过程的安全风险分析方法和控制对策、事故案例等。

生产经营单位新上岗的从业人员，岗前安全培训时间不得少于24学时。煤矿、非煤矿山、危险化学品、烟花爆竹、金属冶炼等生产经营单位新上岗的从业人员安全培训时间不得少于 72 学时，每年再培训的时间不得少于 20 学时。

二、调整工作岗位或离岗后重新上岗安全教育培训

从业人员调整工作岗位后，由于岗位工作特点、要求不同，应重新进行新岗位安全教育培训，并经考试合格后，方可上岗作业。

由于工作需要或其他原因离开岗位后，重新上岗作业应重新进行安全教育培训，经考试合格后，方可上岗作业。由于工作性质不同，离开岗位时间可按照行业规定或生产经营单位自行规定，行业规定或生产经营单位自行规定的离开岗位时间应高于国家规定。原则上，作业岗位安全风险较大，技能要求较高的岗位，时间间隔应短一些。例如，电力行业规定为 3 个月。

调整工作岗位或离岗后重新上岗的安全教育培训工作，原则上应由车间级组织。

三、岗位安全教育培训

岗位安全教育培训是指连续在岗位工作的安全教育培训工作，主要包括日常安全教育培训、定期安全考试和专题安全教育培训 3 个方面。

1. 日常安全教育培训

日常安全教育培训主要以车间、班组为单位组织开展，重点是安全操作规程的学习培训、安全生产规章制度的学习培训、作业岗位安全风险辨识培训、事故案例教育等。日常安全教育培训工作形式多样，内容丰富，根据行业或生产经营单位的特点不同而各具特色。我国电力行业有班前会、班后会制度，“安全日活动”制度。在班前会上，在布置当天工作任务的同时，开展作业前安全风险分析，制定预控措施，明确工作的监护人等。工作结束后，对当天作业的安全情况进行总结分析、点评等。“安全日活动”即每周必须安排半天的时间统一由班组或车间组织安全学习培训，企业的领导、职

能部门的领导及专职安全监督人员深入班组参加活动。

2. 定期安全考试

定期安全考试是指生产经营单位组织的定期安全工作规程、规章制度、事故案例的学习和培训，学习和培训的方式较为灵活，但考试统一组织。定期安全考试不合格者，应下岗接受培训，考试合格后方可上岗作业。

3. 专题安全教育培训

专题安全教育培训是指针对某一具体问题进行专门的培训工作。专题安全教育培训工作针对性强，效果比较突出。通常开展的内容有“三新”安全教育培训、法律法规及规章制度培训、事故案例培训、安全生产知识竞赛、技术比武等。

“三新”安全教育培训是生产经营单位实施新工艺、新技术、新设备（新材料）时，组织相关岗位对从业人员进行有针对性的安全生产教育培训。法律法规及规章制度培训是指国家颁布有关安全生产的法律法规，或生产经营单位制定新的有关安全生产的规章制度后，组织开展的培训活动。事故案例培训是指在生产经营单位发生生产安全事故或获得与本单位生产经营活动相关的事故案例信息后，开展的安全教育培训活动。有条件的生产经营单位还应该举办经常性的安全生产知识竞赛、技术比武等活动，提高从业人员对安全教育培训的兴趣，推动岗位学习和练兵活动。

在安全生产的具体实践过程中，生产经营单位还采取了其他许多宣传教育培训的方式方法，如班组安全管理制度，警句、格言上墙活动，利用闭路电视、报纸、黑板报、橱窗等进行安全宣传教育，利用漫画等形式解释安全规程制度，在生产现场曾经发生过生产安全事故的地点设置警示牌，组织事故回顾展览，等等。

生产经营单位还应以国家组织开展的全国“安全生产月”活动为契机，结合生产经营的性质、特点，开展内容丰富、灵活多样、具有针对性的各种安全教育培训活动，提高各级人员的安全意识和综合素质。目前，我国许多生产经营单位都在有计划、有步骤地开展企业安全文化建设，对保持安全生产局面稳定，提高安全生产管理水平发挥了重要作用。

本讲思考

1. 工会如何在企业一线工人的安全教育中起到更好的作用？
2. 企业进行三级教育时，应有针对性地培训哪些方面的内容？
3. 工会组织企业职工安全培训教育的工作流程是什么？

第六讲

工会与班组建设

本讲要点

1. 了解工会参与班组建设的基本职责。

2. 熟悉工会参与班组建设的基本流程。

3. 掌握工会参与班组建设的基本内容。

引导案例

织密工会“服务网” 赋能班组建设

随着一场场大型观摩调研活动在青岛地铁2号线二期施工现场举行，中铁二十五局五公司作为“青岛地铁集团级示范班组”已成为青岛地铁建设领域的“班组样板”。班组是产业工人队伍最基本的组织单元，是工程建设一切工作的落脚点、着力点。面对新时期产改工作的任务要求，公司深入贯彻落实青岛市总工会关于产改工作部署，以管生活、管培训、管体系、管分配“四管齐下”织密服务网，试点开展班组建设赋能工程，制定“1235+”建设方案，将产业工人队伍工作的高效率和生活的幸福度有机结合，为助力青岛地铁标准化建设、推动青岛产改工作走实走深作出了“五公司探索”。其主要做法有以下几点：一是“带”出创新力；二是“育”出保障力；三是“赛”出攻坚力；四是“爱”出幸福力。当前，中铁二十五局五公司工会将坚持在“企业所需、职工所盼、工会所能”上持续发力，以“打造一流产业工人队伍”为目标，进一步做实做优标准化班组赋能项目培育，及时总结好经验、好做法，广泛推广宣传，着力构建“工会搭台，职工唱戏”的产改工作服务体系，激发和引领产业工人奋斗热情，为公司更好地参与青岛城市更新和城市建设发展积蓄磅礴有力的产改力量。

案例思考

（1）工会参与班组建设的职责是什么？

（2）为什么说工会参与班组建设有利于提高班组整体建设水平？

（3）工会参与班组建设有哪些内容？

第一节　工会参与班组建设的基本职责

一、协助企业充分发挥班组基础性作用

工会作为企业与员工之间的核心纽带，扮演着重要的角色。其具备独特的地位与职能，致力于协助企业充分发挥班组的基础性作用，为企业的发展提供坚实的支撑。

（一）工会通过深入了解员工的利益诉求，为企业提供精准的建议

积极倾听员工的意见和建议，确保企业与员工之间的顺畅沟通，这种深入了解使工会能够针对班组的实际需求，提供切实有效的支持和帮助，推动班组在企业生产、管理和创新等方面发挥更大的作用。

（二）工会在促进员工团结和协作方面发挥着重要作用

作为最基层的生产和管理单位，班组的和谐稳定对于企业的整体运营至关重要。工会通过组织各种培训和交流活动，提升员工的团队协作精神和集体荣誉感，确保班组的稳定运作，为企业的顺利发展创造有利条件。

（三）工会在为员工提供必要的支持和保障方面发挥着重要作用

在生产过程中，员工可能会面临各种问题和挑战，如安全生产、职业健康等。工会及时关注这些问题，并积极协调企业相关部门，为员工提供及时有效的帮助和支持，确保员工的合法权益和身心健康得到妥善保障。

（四）工会在推动班组的创新和发展方面发挥着重要作用

作为最具活力和创新力的基层单位，班组的创新能力对于企业的长远发展至关重要。工会通过组织技术比武、创新竞赛等活动，激发员工的创新精神和创造力，推动班组在技术创新、管理创新等方面取得更大的突破和发展。

工会以其独特的地位和职能，通过深入了解员工需求、促进员工团结、提供必要支持和保障以及推动班组的创新和发展等方式，协助企业充分发挥班组的基础性作用。这种作用不仅有助于提升企业的生产效率和竞争力，还为员工的成长和发展提供了有力支持，实现了企业与员工的共赢。同时，工会还为企业创造了更加和谐稳定的工作环境，激发了员工的创造力和创新精神，为企业的持续发展和创新注入了强大动力。

二、完善和强化班组安全管理

工会的以下特性，决定了其在加强和规范班组安全管理方面扮演着举足轻重的角色。

（一）代表性与参与性

工会作为职工的代表，具有广泛的代表性和参与性。它可以直接听取和反映职工对于安全管理的需求和意见，将这些信息整合并传递给管理层，从而确保职工的声音被充分听到和考虑。这种参与性使工会成为职工与管理层之间的沟通桥梁，促进双方的有效合作。

（二）专业性与权威性

工会通常拥有专业的安全管理人员和专家团队，他们具备丰富的安全管理知识和实践经验。这些专家可以为班组提供专业的安全管理指导和建议，帮助班组解决安全管理中的专业问题。同时，工会作为职工的代表，其建议和意见通常具有一定的权威性，能够得到管理层的重视和采纳。

（三）监督与保障

工会可以发挥监督职能，对班组的安全管理进行定期的检查和评估，确保各项安全规章制度得到有效执行。对于发现的问题和不足，工会可以提出整改建议和要求，并跟踪整改情况，确保问题得到及时解决。同时，工会还可以为职工提供安全保障，如建立职工意外伤害保险等，为职工在发生安全事故时提供必要的保障和支持。

（四）教育与培训职能

工会可以组织开展各种形式的安全教育和培训活动，提高职工的安全意识和安全技能。通过教育和培训，可以帮助职工更好地理解和掌握安全规章制度，增强自我保护能力，减少安全事故的发生。同时，工会还可以宣传和推广先进的安全管理经验和做法，为班组的安全管理提供有益的借鉴和参考。

工会的介入和参与有助于增强员工对安全管理工作的认同感和责任感，促进班组的和谐稳定，可以推动班组安全管理水平的提升，为企业创造更加安全、高效的工作环境。

三、实现班组安全管理标准化、规范化、制度化

在企业安全管理体系中，工会的作用不可忽视。为确保班组安全管理的标准化、规范化与制度化，工会必须采取切实有效的措施，确保企业安全生产。

（一）推动班组安全管理标准化

工会需深度参与安全标准的制定过程，确保安全标准既符合国家法律法规、行业规定，又充分反映企业实际情况。制定完成后，工会需通过各种渠道和方式，积极推广安全标准，确保员工充分认识到其重要性并在实际工作中严格遵守。此外，工会还需建立并持续完善安全标准实施的监督机制，确保标准得到严格执行，对不符合标准的行为及时提出整改要求，并跟进整改情况。

（二）促进班组安全管理规范化

工会需协助企业建立健全安全管理规范体系，包括安全管理制度、操作规程、应急预案等，确保班组安全管理工作有章可循、有据可查。同时，工会还需通过组织培训班、开展知识竞赛等活动，普及规范化管理的理念和方法，提高员工的安全意识和技能水平。在此过程中，工会需督促企业各级管

理人员和员工严格遵守安全管理规范，确保规范化管理得到有效实施。

（三）实现班组安全管理制度化

为实现班组安全管理制度化，工会需协助企业对现有安全管理制度进行全面梳理和评估，及时修订和完善不适应新形势、新任务要求的制度。同时，工会还需督促企业明确各级管理人员和员工在安全管理制度执行中的职责和权限，确保责任到人、任务到岗。此外，工会应鼓励并支持企业开展安全管理制度创新，不断提升班组安全管理的水平和效率。

（四）加强员工安全教育和培训

工会需积极参与员工安全教育和培训工作，通过组织安全培训活动、制作安全宣传栏等方式，提高员工的安全意识和技能水平。同时，工会还需利用企业内部媒体平台定期发布安全动态和警示信息，提醒员工时刻保持警惕，确保生产安全。

（五）强化班组长的安全管理职责和能力

为强化班组长的安全管理职责和能力，工会需积极参与班组长的选拔和培养工作，确保选拔出的班组长具备较高的安全管理职责和能力。同时，工会还需组织专题培训提升班组长的安全管理水平和领导能力，并建立健全班组长考核评价机制，激励班组长在安全管理工作中积极作为、发挥模范带头作用。

四、提高班组安全建设水平

工会在提高班组安全建设水平方面扮演着关键角色。为了确保班组安全生产工作的高效执行，工会应采取以下措施。

（一）加强安全教育培训

工会应定期组织系统化、专业化的安全教育培训活动，确保班组成员全面掌握安全生产的基础知识和实际操作技能。培训内容应包括但不限于安全操作规程、事故预防与应对措施等。通过培训提高班组成员的安全意识和自我保护能力，为企业的稳定发展提供坚实保障。

（二）构建完善的安全责任体系

工会应与企业管理层紧密合作，共同构建科学、合理的安全责任体系。明确班组长和班组成员在安全生产中的具体职责和权利，确保各项安全任务得到有效落实。同时，建立健全的考核机制，通过奖惩分明的方式激励班组成员积极参与安全管理工作，形成良好的安全生产氛围。

（三）推行安全生产标准化管理

工会应积极推动企业在班组层面实施安全生产标准化管理，通过制定并执行严格的安全生产标准，规范班组成员的操作行为，降低事故发生的概率。同时，鼓励班组成员参与标准的制定和修订过程，提高标准的实用性和可操作性，确保安全生产标准在班组中得到全面贯彻和执行。

（四）强化现场安全检查与整改

工会应定期组织专业团队对班组现场进行全面的安全检查，及时发现并整改各类安全隐患。同时，加强班组成员之间的相互监督，形成自查自纠的良好机制。对于发现的重大安全隐患，工会应及时上报并协助企业制定切实可行的整改措施，确保问题得到根本解决，有效防范安全事故的发生。

（五）开展安全文化活动

工会应积极组织多样化的安全文化活动，如安全知识竞赛、安全征文比赛等，提高班组成员对安全生产的认识和重视程度。通过营造浓厚的安全文化氛围，增强班组成员的团队协作精神和安全意识，形成共同维护安全生产的强大合力。

工会在提高班组安全建设水平方面应采取一系列严谨的措施。这些措施的实施将有效提升班组的安全管理水平和事故防范能力，为企业的稳定发展和社会和谐进步提供有力保障。

第二节　工会参与班组建设的基本流程

一、重点培养班组长

班组长在生产现场中占据至关重要的地位，他们负责指挥和协调日常生产活动，确保生产目标得以高效实现。作为上下级之间的桥梁，班组长扮演着沟通纽带的角色，确保信息的顺畅传递。他们不仅需要具备出色的领导才能和管理技能，还要保持理性、严谨的工作态度，以确保班组的稳定运转和高效工作。优秀的班组长能够激发员工的潜能，促进团队协作，为企业的发展提供有力支撑。

工会作为企业与员工之间的桥梁，对于班组建设及班组长培养负有重要责任。为确保班组的高效运作和班组长的卓越领导，工会需要做好以下培养策略。

明确班组长职责。他们不仅是技术骨干，更是团队的核心领导者，需具备出色的组织协调、人际沟通以及决策能力。为此，工会与企业管理层应共同制定明确的班组长职责说明书，详细规定其工作内容、目标及期望成果。

建立公正透明的选拔机制。工会应确保班组长的选拔过程公平、公正，包括公开竞聘、演讲答辩等环节，同时广泛征求其他部门意见，从更大范围内选拔合适人选。选拔委员会负责全面评估候选人的能力、潜力及适配度，确保选拔结果的合理性。

在培训方面，工会应提供系统全面的课程。这些课程不仅包括团队管理、沟通技巧、决策能力等硬技能培训，还应涵盖领导力培养、团队建设等软技能提升。通过定期举办经验分享会、研讨会等活动，为班组长提供学习与交流的平台，促进其不断进步。

为激发班组长的积极性与创造力，工会应建立有效的激励机制。设立班组建设基金以支持创新项目和改进计划，组织班组间竞赛评比以营造积极向上的竞争氛围，同时设立优秀班组长奖项以表彰杰出表现者，为大家树立榜样。

在提升团队建设能力方面，工会应组织各类团队建设活动，如户外拓展、团队游戏等，以增强班组长的团队协作与凝聚力。此外，邀请专业讲师为班组长提供团队建设指导与建议，帮助其更好地运用团队建设理念与方法。

二、完善班组规章制度

（一）深入调研，明确制度优化的实际需求

工会应开展全面而深入的调研工作，准确把握班组的运作现状以及规章制度的执行情况。通过系统收集和分析一线员工的反馈，确保对班组运作中存在的问题和制度漏洞有清晰的认识，为后续的规章制度优化提供坚实的数据支撑。

（二）组织专业培训，强化员工对规章制度的认知

工会应组织专题培训活动，针对班组成员进行规章制度的系统培训。培训内容需涵盖规章制度的核心理念、执行标准及其在实际工作中的应用。通过培训提升员工对规章制度重要性的认识，确保每位员工都能深刻理解并正确执行规章制度。

（三）典型案例剖析，指导制度改进方向

工会应精心挑选和深入分析班组运作中的典型案例，以案说法，明确规章制度在实际操作中的问题和不足。结合案例分析，提出具体的改进建议，为规章制度的修订提供明确的方向和重点。

（四）广泛征求员工意见，确保制度修订的民主性和科学性

工会应广泛征集班组成员的意见和建议，确保规章制度修订工作的民主

性和科学性。通过组织讨论会、座谈会等形式，为员工提供一个表达观点、提出建议的平台。同时，工会应对收集到的意见和建议进行认真梳理和分析，为规章制度的修订提供有力支持。

（五）科学修订规章制度，确保其实用性和可操作性

根据员工的反馈和讨论结果，工会应科学修订现有的规章制度。修订过程中，应注重规章制度的实用性和可操作性，确保新制度既能满足班组的实际需求，又能得到员工的广泛认可。同时，工会还应对新旧制度进行仔细对比和衔接，确保制度修订的连贯性和稳定性。

（六）加强宣传推广，确保新制度的有效实施

修订后的规章制度需要得到班组成员的广泛认可和执行。为此，工会应加强宣传推广力度，通过多种形式向班组成员普及新制度的内容和意义。同时，工会还应建立健全的监督机制，确保新制度得到有效执行。通过全面推广和严格监督，工会可以推动班组规章制度的不断完善和优化，为班组的稳定运作和企业的持续发展提供有力保障。

三、创新班组管理方法

在快速变化的商业环境中，企业的班组管理面临着前所未有的挑战。工会作为企业与员工之间的桥梁，不仅在维护员工权益、促进劳资和谐方面发挥着重要作用，而且在创新班组管理方法上也具有独特的优势。为适应现代企业管理需求，提升班组整体效能，工会可从以下几个方面做好创新班组管理工作。

（一）明确工会角色定位

要创新班组管理方法，首先需要明确工会在班组管理中的角色定位。工会不仅是员工利益的代表者和维护者，更应是班组管理的参与者和推动者。工会应积极参与班组管理决策，为班组管理提供有益的建议和意见，同时监督班组管理行为的合规性和公正性，确保班组管理符合法律法规和企业政策。

（二）建立沟通机制

创新班组管理方法需要建立良好的沟通机制。工会应定期组织员工与管理层进行面对面的沟通交流，让员工充分表达自己的想法和意见，同时听取管理层的反馈和建议。通过沟通机制的建立，可以消除信息壁垒，增进相互理解，促进班组内部的和谐与稳定。

（三）推动文化建设

文化是班组管理的灵魂，也是创新班组管理方法的重要途径。工会应积极推动班组文化建设，倡导积极向上的价值观和行为准则，营造团结、奋进、创新的班组氛围。通过文化建设可以激发员工的归属感和荣誉感，提高班组的凝聚力和战斗力。

（四）引入激励机制

激励机制是创新班组管理方法的重要手段。工会应与管理层共同制定完善的激励机制，包括物质激励和精神激励两个方面。通过设立奖励制度、晋升机会、荣誉称号等措施，激发员工的积极性和创造力，鼓励员工为班组发展贡献智慧和力量。

（五）强化培训提升

员工的能力和素质是创新班组管理方法的基础。工会应积极参与员工的培训提升工作，组织定期的技能培训和知识更新活动，帮助员工提高业务水平和综合素质。通过培训提升，可以增强员工的自我发展和自我提升能力，为班组管理创新提供有力的人才保障。

（六）创新管理工具

随着信息技术的发展，管理工具的创新为班组管理带来了新的机遇。工会应积极探索新的管理工具和方法，如利用大数据、云计算、人工智能等先进技术，提高班组管理的效率和准确性。通过创新管理工具，可以实现对班组工作过程的实时监控和数据分析，为管理决策提供科学依据。

（七）推动持续改进

创新班组管理方法是一个持续改进的过程。工会应与管理层共同制订班组管理改进计划，定期评估班组管理效果，发现问题并及时进行整改。通过持续改进，可以不断优化班组管理流程和方法，提高班组管理的整体水平和效果。

工会参与班组管理并创新班组管理方法是提升班组效能、推动企业可持续发展的重要途径。随着企业内外部环境的不断变化，工会还需要不断探索新的管理方法和手段，以适应新形势下的班组管理需求。

四、加强班组现场管理

班组作为最基层的工作单位，其现场管理直接决定了企业的生产效率、成本控制、质量保障和员工安全。工会作为职工利益的代表和维护者，其参与班组建设并加强班组现场管理的作用显得尤为重要。工会加强班组现场管理的具体措施主要有以下几条。

（一）明确工会角色定位

工会参与班组建设的第一步是明确自身在班组现场管理中的角色定位。工会应作为桥梁和纽带，连接企业管理层与一线员工，既要代表员工表达合理诉求，也要协助企业落实管理要求。在班组现场管理中，工会应发挥监督职能，确保员工的权益不受侵犯；发挥协调职能，促进班组内部的和谐稳定；发挥服务职能，为员工提供必要的帮助和支持；发挥教育职能，提高员工的职业素养和安全意识。

（二）提升员工参与意识

班组现场管理的成功离不开员工的积极参与。工会应通过宣传教育，提升员工的参与意识，使他们明白自己在班组现场管理中的重要性。此外，工会可以组织员工参与班组规章制度的制定和修改，让员工感受到自己的决策权，从而提高他们的责任感和归属感。同时，工会还可以开展合理化建议征集活动，鼓励员工为班组现场管理出谋划策，促进班组管理的持续改进。

（三）优化现场管理流程

优化现场管理流程是提高班组工作效率的关键。工会应组织专业人员对现有的班组管理流程进行全面梳理，找出存在的问题和瓶颈，提出相应的改进措施和建议。例如，简化不必要的流程环节，优化工作流程，提高工作效率；推行标准化作业，减少操作误差，保证工作质量；加强现场协调，确保各个环节之间的顺畅衔接。

（四）加强安全教育培训

安全是班组现场管理的重中之重。工会应加强员工的安全教育培训，提升员工的安全意识和操作技能。通过定期组织安全知识讲座、安全技能培训、应急演练等活动，使员工熟练掌握安全操作规程和应急处置方法。同时，工会还应建立安全监督机制，对班组现场的安全管理进行监督和检查，确保各项安全措施得到有效执行。

（五）实施定期评估与反馈机制

为了持续改进班组现场管理水平，工会应实施定期评估与反馈机制。评估可以通过问卷调查、现场观察、员工反馈等方式进行，评估内容应涵盖工作效率、工作质量、安全管理等多个方面。评估结果应及时反馈给班组和员工，让他们了解自己的工作表现和需要改进的地方。同时，工会还应建立奖惩机制，对表现优秀的班组和员工给予奖励和表彰，对表现不佳的班组和员工进行帮扶和指导。

（六）促进班组文化建设

班组文化建设是加强班组现场管理的重要支撑。工会应积极推动班组文化的建设和发展，营造积极向上、团结协作的文化氛围。通过组织文化活动、搭建交流平台等方式，增强员工的团队意识和协作精神。同时，工会还应引导员工树立正确的价值观和行为准则，形成良好的职业道德风尚。一种具有凝聚力和向心力的班组文化能够激发员工的工作热情和创造力，提高班组现场管理的整体水平。

（七）利用技术创新提效

技术创新是推动班组现场管理升级的重要途径。工会应鼓励和支持班组利用新技术、新工艺和新设备，提高生产效率和产品质量。通过组织技术交流和合作研发等活动，推动班组的技术创新和成果应用。同时，工会还应关注员工的技能提升和知识更新，为员工提供必要的培训和支持。技术创新不仅能够提高生产效率，还能够降低劳动强度，改善工作环境，提升员工的工作满意度。

（八）强化激励与约束机制

激励与约束机制是加强班组现场管理的重要手段。工会应建立健全激励与约束机制，通过合理的薪酬体系、晋升机制、奖惩制度等方式，激发员工的工作积极性和创造力。薪酬体系应体现公平性和竞争性，晋升机制应透明公正，奖惩制度应明确且执行有力。同时，工会还应关注员工的职业发展和个人成长，为员工提供广阔的职业发展空间和机会。一个完善的激励与约束机制能够激发员工的内在动力，促进班组现场管理的持续改进和发展。

（九）加强沟通与协作

工会作为员工与企业管理层之间的桥梁，应加强与企业管理层的沟通与协作。通过定期召开座谈会、研讨会等方式，就班组现场管理的问题和困难与企业管理层进行深入交流，共同寻找解决方案。同时，工会还应加强与班组长和员工之间的沟通与联系，及时了解他们的需求和诉求，为他们提供帮助和支持。通过加强沟通与协作，可以形成企业管理层、工会、班组长和员工共同参与、共同管理的良好局面。

（十）推进班组自主管理

推进班组自主管理是加强班组现场管理的重要举措。工会应鼓励和支持班组开展自主管理活动，让班组长和员工在班组管理中发挥更大的作用。通过制订自主管理计划、明确管理目标、落实管理措施等方式，激发班组的自主管理意识和能力。同时，工会还应为班组提供必要的资源和支持，帮助他们解决自主管理过程中的问题和困难。推进班组自主管理，可以培养员工的责任感和主动性，提高班组现场管理的水平和效能。

五、严格班组考核奖罚

工会参与班组建设，严格班组考核奖罚的具体措施，旨在通过科学合理的考核机制和奖罚制度，激发班组的活力，提升员工的工作积极性，进而推动班组整体绩效的提升。以下是一些具体的措施。

（一）制定明确的考核标准

工会应与企业管理层共同制定明确的班组考核标准，确保标准具有可操作性和可衡量性。考核标准应包括安全生产、工作效率、质量控制、团队协作等多个方面，每个方面都应设定具体的指标和权重。同时，考核标准应公开透明，让班组成员清楚了解自己的工作目标和责任。

（二）建立公正的考核机制

为确保考核的公正性和客观性，工会应推动建立独立的考核机构或委员会，负责具体的考核工作。考核机制应坚持公开、公平、公正的原则，避免主观臆断和人为因素的影响。考核过程中应注重数据的收集和分析，以事实为依据，确保考核结果的准确性和可靠性。

（三）实施定期的考核评估

工会应定期组织对班组的考核评估工作，确保考核工作的持续性和有效性。考核评估的周期可以根据实际情况进行设定，如季度考核、半年考核或年度考核等。通过定期的考核评估，可以及时发现班组存在的问题和不足，为后续的改进工作提供依据。

（四）强化考核结果的反馈与应用

考核结果的反馈与应用是考核工作的重要环节。工会应确保考核结果及时、准确地反馈给班组成员，帮助他们了解自己的工作表现和存在的问题。

同时，工会还应推动企业管理层根据考核结果进行奖惩决策，对表现优秀的班组和个人给予相应的奖励和表彰，对表现不佳的班组和个人进行适当的惩罚和纠正。通过强化考核结果的反馈与应用，可以激励班组成员积极改进工作，提升整体绩效。

（五）设立奖惩分明的奖罚制度

为确保考核奖罚的有效性，工会应推动建立奖惩分明的奖罚制度。奖励方面，可以设置诸如优秀班组奖、最佳员工奖等奖项，给予物质奖励和荣誉证书等形式的激励。惩罚方面，可以设定警告、罚款、降职等不同程度的处罚措施，对违反规定或工作表现不佳的班组成员进行惩戒。奖罚制度的设定应充分考虑员工的实际情况和需求，确保奖惩力度适中、合理。

（六）加强奖罚制度的宣传与培训

为了让班组成员充分了解和认识奖罚制度，工会应加强奖罚制度的宣传与培训工作。可以通过内部会议、宣传栏、企业网站等多种渠道进行宣传，让员工了解奖罚制度的目的、内容和实施方式。同时，工会还可以组织专门的培训活动，对班组成员进行奖罚制度的解读和说明，帮助他们更好地理解和遵守制度规定。

（七）建立奖罚制度的监督机制

为确保奖罚制度的公正性和有效性，工会应建立奖罚制度的监督机制。可以设立专门的监督小组或委员会，负责监督奖罚制度的执行情况和效果。同时，工会还应鼓励班组成员积极参与监督工作，对奖罚制度执行过程中出现的问题和不当行为进行举报和反映。通过监督机制的建立和完善，可以确保奖罚制度的顺利实施和有效执行。

（八）注重奖罚制度的持续改进

任何制度都需要不断地进行改进和优化。工会应关注奖罚制度的实际运行情况，定期收集班组成员的意见和建议，对制度进行反思和评估。在此基础上，工会可以与企业管理层共同商讨改进措施，对奖罚制度进行修订和完善。通过持续改进奖罚制度，可以确保其适应企业发展的需求和员工的变化，保持制度的活力和有效性。

工会参与班组建设并严格班组考核奖罚措施的实施可以有效激发班组的活力，提升员工的工作积极性，推动班组整体绩效的提升。同时，也有助于构建良好的企业文化氛围，促进企业的持续健康发展。

第三节　工会参与班组建设的基本内容

一、五型班组建设

（一）五型班组建设的内涵

五型班组建设是一种全面而系统的班组管理模式，旨在提升班组的整体效能和成员的个人素质。这五型包括创新型、学习型、效益型、管理型和和谐型。

1. 创新型班组

创新型班组强调的是班组的创新意识和能力。这意味着班组不仅要完成日常的工作任务，还要不断探索新的方法、技术和思路，以提高工作效率和质量。创新型班组鼓励成员提出新的想法和建议，并为这些想法的实施提供支持和资源。

2. 学习型班组

学习型班组重视成员的学习和发展。这包括技能培训、知识更新、团队协作等多个方面。通过学习型班组的建设，班组成员可以不断提升自己的专业素养和综合能力，从而更好地适应工作的变化和挑战。

3. 效益型班组

效益型班组注重班组的经济效益和社会效益。效益型班组不仅关注工作的完成效率和质量，还注重成本的控制、资源的节约以及环境的保护。同时，它也鼓励班组成员参与社会公益活动，为社会作出贡献。

4. 管理型班组

管理型班组强调班组的内部管理和制度建设。管理型班组要求班组成员遵守规章制度，执行工作流程，确保工作有序进行。同时，它还鼓励班组成员参与管理决策，提高班组的自治能力和民主水平。

5. 和谐型班组

和谐型班组注重班组成员之间的和谐关系和心理健康。和谐型班组倡导良好的沟通氛围和协作精神，鼓励成员之间互相支持、理解和帮助。同时，它还关注班组成员的心理健康，提供必要的心理支持和帮助。

这五型之间并不是孤立的，而是相互关联、相互促进的。它们共同构成了五型班组建设的完整框架，为班组的全面发展提供了有力的支撑。

（二）工会如何参与五型班组建设

工会在五型班组建设中发挥着重要的作用。具体来说，工会可以通过以下几个方面参与和推动五型班组建设。

1. 组织引导

工会可以组织专门的培训活动和工作坊，向班组成员介绍五型班组建设的理念和方法，引导他们理解并认同这一管理模式。同时，工会还可以邀请专家或企业内部的管理人员分享成功的五型班组建设案例和实践经验，激发班组成员的热情和动力。

2. 资源支持

工会可以为班组的五型建设提供必要的资源支持，如学习资料、培训场所、技术设备等。这些资源可以帮助班组成员更好地学习和实践五型班组建设的理念和方法，提升他们的专业素养和综合能力。

3. 监督评估

工会可以制定相应的评估标准和监督机制，对班组的五型建设进行定期的检查和评估。这不仅可以确保五型班组建设的持续推进和有效实施，还可以及时发现并解决存在的问题和不足，推动班组的持续改进和发展。

4. 激励表彰

工会可以设立相应的激励机制和表彰制度，对在五型班组建设中表现突出的班组成员进行表彰和奖励。这不仅可以激发班组成员的积极性和创造力，还可以树立榜样和典型，推动五型班组建设的深入开展。

5. 沟通协调

工会在五型班组建设中还发挥着沟通协调的作用。它可以协助班组与其他部门之间建立有效的沟通渠道和协作机制，促进资源的合理配置和信息的畅通共享。同时，工会还可以帮助解决班组在工作中遇到的困难和问题，为他们创造更好的工作环境和条件。

工会参与五型班组建设对于提升班组整体效能、增强员工归属感和凝聚力、促进企业持续发展和创新以及构建和谐稳定的劳动关系等方面都具有重要意义。因此，工会应当积极发挥作用，推动五型班组建设的深入开展和实施。

二、“职工小家”建设

（一）“职工小家”建设的概念

“职工小家”建设是指企业或组织通过一系列关怀、服务和活动，为职工打造一个具有家庭氛围、温馨舒适的工作环境。这一概念的提出，旨在促进职工的身心健康、增强职工的归属感和忠诚度，从而提升企业的凝聚力和竞争力。在这个“家”中，职工不仅能获得工作所需的资源和支持，还能感受到家庭般的温暖和关怀，形成共同奋斗、共同成长的良好氛围。

（二）工会参与“职工小家”建设的举措

1. 组织建立与完善

工会首先要积极参与“职工小家”的组织建立工作，协助企业或组织制定详细的建设规划，明确建设目标、任务和时间节点。同时，工会要建立健全的组织架构，明确各部门和成员的职责，确保“职工小家”建设工作的顺利推进。

2. 开展文化交流活动

工会应当定期开展各类文化交流活动，如职工座谈会、文艺演出、体育比赛等，增进职工之间的友谊和了解，促进不同部门之间的合作与交流。通过这些活动，可以营造出浓厚的文化氛围，提高职工的文化素养和审美能力。

3. 提供关心与支持

工会要时刻关注职工的生活和工作状况，提供必要的关心和支持。如职工遇到困难和问题，工会要及时介入，提供咨询和帮助；对于在工作中表现突出的职工，工会要给予表彰和奖励，激发职工的工作热情和创造力。

4. 推动技能提升

工会要积极开展职工技能培训和教育活动，帮助职工提升专业技能和综合素质。通过组织培训课程、邀请专家授课、举办技能竞赛等形式，为职工提供学习和发展的机会，促进职工的职业成长和进步。

5. 维护职工权益

作为职工权益的代表和维护者，工会要在“职工小家”建设中切实维护职工的合法权益。如监督劳动合同的签订和执行情况、关注职工的薪酬待遇和福利保障、参与劳动争议的调解和处理等。通过这些措施，确保职工的权益得到充分保障，提高职工的工作满意度和忠诚度。

6. 营造和谐氛围

工会要积极营造和谐的工作氛围，倡导团结友爱、互帮互助的精神。通过组织团队建设活动、开展心理健康辅导、建立职工意见反馈机制等方式，增进职工之间的团结和协作，构建和谐的人际关系，提高职工的工作积极性和效率。

7. 监督与评估

工会要对“职工小家”建设工作进行监督与评估，确保各项措施得到有效执行。通过定期检查、收集职工反馈意见、组织满意度调查等方式，了解“职工小家”建设的成效和问题，及时提出改进意见和建议，推动“职工小家”建设不断完善和发展。

8. 持续发展规划

工会要制定“职工小家”建设的持续发展规划，明确未来的建设目标和方向。根据企业的发展趋势和职工需求的变化，不断调整和优化建设措施及活动内容，确保“职工小家”建设始终与企业和职工的发展需求保持同步。

工会在参与“职工小家”建设中发挥着举足轻重的作用。通过各方面的努力，工会可以促进“职工小家”建设的深入发展，为职工打造一个更加温馨、舒适、和谐的工作环境，实现企业与职工的共同发展。

三、“工人先锋号”建设

（一）“工人先锋号”建设的内涵与意义

“工人先锋号”建设是指在企业、工厂或其他劳动密集型单位中，通过组织动员广大职工，特别是工人阶级中的先进分子，发挥示范引领作用，激发广大职工的劳动热情和创造活力，推动企业发展和社会进步的一项重要活动。该活动旨在弘扬工人阶级的伟大品格，展示工人阶级的时代风采，进一步激发广大职工的主人翁责任感，为实现中国梦、强国强军目标提供坚实保障。

“工人先锋号”建设活动的推出，不仅是对工人阶级优秀传统的传承和发扬，更是对当前社会主义核心价值观的生动实践。通过这一活动，可以有效提升职工队伍的整体素质，增强企业的凝聚力和竞争力，促进企业的可持续发展。同时，这也是工会履行自身职能、服务职工群众的重要途径。

（二）工会如何参与“工人先锋号”建设

1. 发挥组织优势，加强宣传教育

工会作为职工的组织，具有广泛的群众基础和强大的组织优势。在“工人先锋号”建设中，工会要充分利用自身的组织网络，通过举办讲座、培训班、展览等形式，加强对“工人先锋号”活动的宣传教育，让广大职工深刻理解活动的意义和要求，增强参与活动的自觉性和主动性。

2. 搭建活动平台，组织技能竞赛

工会要围绕企业的生产经营活动，搭建技能竞赛、创新创效等平台，组织广大职工积极参与。技能竞赛不仅可以展示职工的技能水平，激发职工的学习热情，还可以发现人才、选拔人才，为企业的发展提供人才保障。同时，这也是提升职工技能水平、推动技术创新的重要途径。

3. 选树先进典型，发挥示范效应

在“工人先锋号”建设中，工会要注重选树先进典型，通过表彰先进、宣传典型等方式，发挥先进典型的示范引领作用。这不仅可以激发广大职工的学习热情，还可以形成积极向上的工作氛围，推动“工人先锋号”建设活动的深入开展。

4. 关注职工需求，提供服务保障

工会要时刻关注职工的需求和诉求，积极为职工提供学习、培训、文化娱乐等方面的服务保障。通过为职工解决实际问题、提供实际帮助，增强职工的归属感和认同感，激发职工的工作热情和创造力。

5. 加强监督评估，推动持续改进

工会要建立健全监督评估机制，对“工人先锋号”建设活动进行定期监督和评估。通过收集职工反馈意见、检查活动实施情况等方式，了解活动的成效和问题，及时提出改进意见和建议。同时，还要加强对先进典型的跟踪培养，确保其始终保持先进性和示范性。

6. 深化内涵建设，丰富活动形式

“工人先锋号”建设不是一成不变的，而是需要随着时代的发展和企业的变化不断深化内涵、丰富形式。工会要结合企业的实际情况和职工的需求变化，不断创新活动形式和内容，使“工人先锋号”建设始终保持活力和吸引力。例如，可以开展主题鲜明、形式多样的劳动竞赛、技能比武等活动，激发职工的创造力和创新精神；同时，还可以结合企业文化建设、职工文化建设等工作，提升“工人先锋号”建设的综合效应。

7. 加强协作配合，形成工作合力

“工人先锋号”建设是一项系统工程，需要各方面的协作配合和共同努力。工会要加强与党委、行政等部门的沟通协调，形成工作合力。同时，还要加强与其他群团组织的交流合作，共同推动“工人先锋号”建设活动的深入开展。通过各方面的共同努力，形成推动“工人先锋号”建设的强大合力。

“工人先锋号”建设是一项具有重要意义的活动，工会作为职工利益的代表和维护者，应当在活动中发挥积极作用。通过各种方式，工会可以推动“工人先锋号”建设活动的深入开展，为企业的可持续发展和社会的和谐稳定作出积极贡献。

本讲思考

1. 工会参与班组建设的职责有哪些?

2. 工会参与班组建设的基本流程是什么?

3. 工会参与班组建设都有哪些基本内容?

4. 什么是五型班组? 工会如何参与五型班组建设?

5. “职工小家”建设的内涵是什么? 工会如何参与“职工小家”建设?

6. “工人先锋号”建设的内涵与意义是什么? 工会如何参与“职工小家”建设?

第七讲

工会与劳动和技能竞赛

本讲要点

1. 了解工会组织劳动和技能竞赛的基本职责。

2. 熟悉工会组织劳动和技能竞赛的基本流程。

3. 掌握工会组织劳动和技能竞赛的基本内容。

引导案例

新时期基层央行开展劳动和技能竞赛促进队伍建设的实践

劳动和技能竞赛是调动和发挥央行员工工作积极性、创造性的重要手段，是推动央行各项事业协调发展的重要途径。如何在新时期最大限度发挥劳动和技能竞赛作用，促进队伍建设，提高履职效能，是基层央行研究的一项重要课题。近年来，咸宁市中支以“提升素质、强化管理、促进履职”为目的，以“弘扬劳模精神、劳动精神、工匠精神”为引领，组织和动员干部职工开展了多种形式的劳动和技能竞赛，有效营造了“比学赶帮超”氛围，凝聚了职工力量，提高了干部队伍素质，提升了整体履职能力。主要做法有以下几点：一是以赛促学，提高了干部队伍素质。二是以赛促优，推进了工作争先进位。三是以赛促效，提升了基层央行履职效能。四是以赛促带，弘扬了“两劳一匠”精神。五是以赛促展，彰显了基层央行新风采。以劳动和技能竞赛为展示点，充分展现基层央行有作为、能担当、负责任的良好形象和央行员工积极进取的时代新风采。

案例思考

（1）工会组织劳动和技能竞赛的重要意义是什么？

（2）工会组织劳动和技能竞赛的基本职责有哪些？

（3）工会组织劳动和技能竞赛的基本流程有哪些？

第一节　工会组织劳动和技能竞赛的基本职责

一、深化全国引领性劳动和技能竞赛，推动高质量发展

通过加强和深化劳动和技能竞赛，可以激发广大劳动者的积极性和创造

性，提高他们的技能水平和综合素质，从而推动经济社会的高质量发展。工会可以通过以下方式深化全国引领性劳动和技能竞赛，推动高质量发展。

（一）围绕国家战略和重大工程开展竞赛

工会可以结合国家的发展战略和重大工程，如制造强国、科教兴国、创新驱动发展等，开展相应的劳动和技能竞赛。这样可以引导劳动者关注国家重大战略，积极投身其中，为实现国家目标贡献自己的力量。

（二）注重引领性和战略性

在竞赛的设计和组织上，工会应注重引领性和战略性，突出竞赛活动的创新性和前瞻性。通过设立具有挑战性和前瞻性的竞赛项目，激发劳动者的创新精神，推动技术进步和产业升级。

（三）健全竞赛机制和提高组织水平

工会应建立健全竞赛机制，包括竞赛规则、评选标准、奖励机制等，确保竞赛的公平、公正和有效。同时，提高竞赛的组织水平，加强竞赛的宣传和推广，吸引更多的劳动者参与。

（四）强化闭环管理和项目化管理

工会可以坚持项目化管理，对竞赛活动进行全过程的闭环管理。包括信息反馈、项目督导、调查研究、评估考核、总结表彰等环节，确保竞赛活动的有效实施和成果的转化应用。

（五）拓展竞赛内容和形式

工会可以开展多种形式的竞赛活动，如重大工程建设竞赛、创新创效竞赛、产业转型升级竞赛、职工职业技能竞赛等。同时，结合生态文明建设和环境保护的要求，开展生态环保、降耗增效等竞赛活动。这样可以丰富竞赛内容，吸引更多领域的劳动者参与。

二、强化竞赛区域联动，促进区域协调发展

区域协调发展是实现国家经济社会持续健康发展的重要基础。通过强化

竞赛区域联动，工会可以激发劳动者的创造活力，提升区域产业竞争力，促进区域间资源的合理配置和优势互补，为区域协调发展提供有力支撑。

（一）构建跨区域竞赛平台

工会应积极参与构建跨区域竞赛平台，推动不同地区之间的劳动者技能交流和比拼。通过搭建跨区域竞赛平台，可以打破地域限制，吸引更多地区的劳动者参与，形成竞赛的规模效应和示范效应。同时，跨区域竞赛平台还有助于传播先进技术和经验，推动区域间产业技术的交流和合作，促进产业转型升级。

（二）加强区域间合作与交流

工会应加强与不同地区工会之间的合作与交流，共同推动区域协调发展。可以通过组织跨区域的学习交流活动，让不同地区的劳动者互相学习、互相借鉴，共同提升技能水平。同时，工会还可以与地方政府、企业等合作，共同推进区域产业协同发展，实现资源共享、优势互补。

（三）发挥示范引领作用

工会应注重发挥示范引领作用，通过竞赛活动培育一批先进典型，推动区域协调发展。可以选取一些具有代表性和引领性的项目或企业，开展重点支持和培育，使其成为区域协调发展的标杆和典范。宣传和推广这些先进典型的经验和做法，可以激发更多地区和企业的积极性，形成竞相发展的良好氛围。

（四）促进人力资源合理流动

工会应通过竞赛活动促进人力资源的合理流动和优化配置。可以通过建立人才信息交流平台，为不同地区和企业提供人才供需对接服务。同时，工会还可以积极参与人才培养和引进工作，为区域协调发展提供有力的人才支撑。

（五）完善激励机制和政策保障

工会应完善竞赛活动的激励机制和政策保障，激发劳动者的参与热情和创造力。可以设立竞赛奖励基金，对在竞赛中取得优异成绩的劳动者给予物质和精神奖励。同时，工会还应积极参与相关政策的制定和实施，为劳动者提供更多的发展机会和空间。

（六）加强宣传推广和社会影响

工会应注重加强竞赛活动的宣传推广和社会影响，提高竞赛活动的知名度和影响力。可以通过各种媒体渠道对竞赛活动进行广泛宣传，吸引更多劳动者关注和参与。同时，工会还可以积极与社会各界合作，共同推动竞赛活动影响力的扩大和深化。

三、提升企业竞赛工作水平，激发各类市场主体活力

企业竞赛作为一种有效的激励机制，能够提升员工的技能水平、创新能力和工作积极性，从而推动企业的发展和市场竞争力的提升。工会可以从以下几个方面在提升企业竞赛工作水平，激发各类市场主体活力方面主动发挥作用。

（一）明确竞赛目标与定位

首先，工会要明确企业竞赛的目标与定位，确保竞赛活动与企业的战略目标和市场需求紧密相连。通过深入了解企业的业务特点和市场需求，工会可以制定出符合企业发展需求的竞赛方案，使竞赛活动更加贴近实际、更具针对性。其次，工会还应关注竞赛活动的定位，确保竞赛既能提升员工的技能水平，又能激发市场主体的活力，实现企业与员工的共同发展。

（二）完善竞赛机制与流程

为确保企业竞赛的公平、公正和公开，工会需要完善竞赛机制与流程。这包括制定详细的竞赛规则、设立公正的评审机制、确保信息的透明度和公开性等。同时，工会还应关注竞赛流程的优化和改进，确保竞赛活动的顺利进行。完善竞赛机制和流程，不仅可以提高员工的参与度和满意度，还能增强市场的信心和认可度，从而激发市场主体的活力。

（三）强化宣传与推广

宣传与推广是提升企业竞赛工作水平、激发市场主体活力的重要手段。工会需要充分利用各种媒体和渠道，对竞赛活动进行广泛宣传和推广。通过宣传，可以让更多的员工和市场主体了解竞赛活动的意义和价值，提高他们的参与度和积极性。同时，宣传还能增强企业的品牌形象和市场影响力，为企业的长期发展奠定坚实基础。

（四）提供培训与支持

为确保企业竞赛的顺利进行和员工的积极参与，工会需要提供必要的培训和支持。这包括为员工提供技能培训和竞赛指导，帮助他们提高技能水平和竞赛能力。同时，工会还可以为参赛员工提供心理咨询和辅导，帮助他们缓解压力、增强信心。此外，工会还可以与相关部门合作，为参赛员工提供资金、设备等方面的支持，确保他们能够在竞赛中充分发挥自己的实力。

（五）激发员工创新精神与团队合作精神

企业竞赛不仅是技能的比拼，更是创新和团队合作的展示。工会需要激发员工的创新精神，鼓励他们勇于尝试、敢于挑战。通过设立创新奖项、举办创新研讨会等方式，工会可以为员工提供展示创新成果的平台，促进创新思想和经验的交流。同时，工会还应强调团队合作精神的重要性，鼓励员工在竞赛中相互支持、协作共进。激发员工的创新精神和团队合作精神，可以提升企业竞赛的整体水平和市场竞争力。

（六）建立反馈与改进机制

为了不断提升企业竞赛工作水平，工会需要建立反馈与改进机制。通过收集员工和市场主体的意见和建议，了解他们在竞赛过程中的需求和困惑，工会可以及时发现问题并进行改进。同时，工会还可以对竞赛活动进行定期评估和总结，分析竞赛活动的成效和不足，为今后的工作提供有益的借鉴和指导。建立反馈与改进机制，可以不断完善企业竞赛工作，提升其实际效果和影响力。

四、释放职工创造潜能，为高质量发展提供强大人力支撑

（一）工会职能的新定位

在高质量发展的背景下，工会不仅要继续履行维护职工权益的基本职能，更要积极发挥在激发职工创造潜能、促进企业发展中的作用。工会应当成为企业与职工之间的桥梁，协助企业构建良好的创新生态，同时保障职工在创新过程中的合法权益。

（二）激发职工创造潜能的策略

1. 构建创新文化

工会应当积极倡导创新理念，推动企业建立创新文化。通过举办创新讲座、分享会等活动，激发职工的创新意识，提升他们的创新能力和意愿。

2. 提供技能培训

工会应与企业合作，为职工提供系统的技能培训。通过定制化的培训课程和实践操作，帮助职工提升专业技能，为创新活动提供必要的技能支持。

3. 创新激励机制

工会应推动企业建立健全的创新激励机制。通过设立创新奖励、晋升机会等，鼓励职工积极参与创新活动，充分释放他们的创造潜能。

4. 促进跨界合作

工会可以组织跨部门、跨领域的创新团队，促进不同背景和技能的职工之间的交流与合作。这种跨界合作有助于激发新的创新思维和解决方案。

5. 强化心理支持

工会应关注职工的心理健康，为他们提供必要的心理支持。通过心理咨询、团队建设等活动，帮助职工缓解工作压力，提升工作满意度和创新动力。

（三）工会在高质量发展中的新角色

在高质量发展的背景下，工会需要转变角色，从传统的权益维护者转变

为职工创新潜能的激发者和企业发展的推动者。通过构建创新文化、提供技能培训、创新激励机制、促进跨界合作以及强化心理支持等策略，工会可以帮助企业培养一支具备高度创新能力和团队协作精神的职工队伍，从而推动企业在激烈的市场竞争中脱颖而出。

五、抓实“安康杯”竞赛，维护职工安全健康权益

“安康杯”竞赛作为提升职工安全健康意识、加强企业安全生产管理的重要途径，对于促进职工权益保障、维护企业稳定运营具有重大意义。工会作为职工权益的维护者和企业稳定发展的推动者，应充分发挥其组织引领作用，确保“安康杯”竞赛的深入开展，切实保障职工的安全健康权益。

（一）明确竞赛目标与意义，奠定坚实工作基础

“安康杯”竞赛旨在通过竞赛的形式，增强职工的安全意识，提升职工的安全技能水平，有效预防和减少生产安全事故的发生，确保职工的生命安全和身体健康。工会应深刻认识到这一竞赛活动的重要性，将其作为推动安全生产工作、提升职工安全素质的关键抓手，为构建和谐劳动关系、促进企业健康稳定发展奠定坚实基础。

（二）加强组织领导，确保竞赛有序开展

为确保“安康杯”竞赛的有序进行，工会需成立专门的领导小组，由主要领导担任组长，全面负责竞赛的组织实施工作。领导小组应制定详细的竞赛方案，明确竞赛的主题、目标、内容和形式，确保活动既有针对性又具可操作性。同时，要加强对竞赛活动的监督和指导，确保活动规范有序、取得实效。

（三）广泛宣传动员，激发职工参与热情

为扩大“安康杯”竞赛的影响力，工会需广泛宣传竞赛的意义和目的，提高职工的参与意识和积极性。利用企业内部宣传栏、网站、微信公众号等多种渠道和形式，发布竞赛信息，普及安全知识。同时，通过班前会、座谈

会等方式，向职工深入讲解竞赛规则和要求，引导职工积极参与，形成全员关注安全、全员参与竞赛的良好氛围。

（四）创新竞赛形式与内容，提升竞赛质量

为确保“安康杯”竞赛的针对性和实效性，工会需紧密结合企业实际和职工特点，创新竞赛形式和内容。通过开展安全知识竞赛、安全技能比武、安全隐患排查等活动，提升职工的安全意识和技能水平。同时，要注重将竞赛成果转化为实际工作中的改进措施和长效机制，确保竞赛活动取得实质性成效。

（五）加强培训教育，提升职工安全素质

“安康杯”竞赛不仅是技能比拼的平台，更是安全教育和培训的重要载体。工会需充分利用这一契机，加强对职工的安全培训教育。组织专家开展安全知识讲座、技能培训等活动，帮助职工提升安全意识和技能水平。同时，要注重培训教育的针对性和实效性，结合企业生产实际和职工需求，制定个性化的培训方案，确保培训取得良好效果。

（六）完善激励机制，激发职工内在动力

为激发职工参与“安康杯”竞赛的内在动力，工会需建立健全激励机制。设立奖项、颁发荣誉证书、给予物质奖励等，对在竞赛中表现突出的职工给予表彰和奖励。同时，将竞赛成绩与职工的晋升、评先评优等挂钩，让职工在竞赛中获得的荣誉和成果成为他们职业发展的重要资本。

（七）强化监督检查，确保竞赛取得实效

为确保“安康杯”竞赛取得实效，工会需加强对竞赛活动的监督检查。通过定期检查、专项检查等方式，对竞赛活动的组织实施、职工参与情况、安全隐患排查整改等方面进行全面检查和评估。对发现的问题和不足要及时督促整改落实，确保竞赛活动取得实实在在的效果。

（八）总结经验教训，推动持续改进

在“安康杯”竞赛活动结束后，工会要及时总结经验教训，对活动中存在的问题和不足进行深入剖析，并提出改进措施和建议。同时，将竞赛活动中的成功经验转化为长效工作机制，推动企业安全生产工作持续改进和提升。通过不断总结经验和教训，不断完善竞赛机制和内容，确保“安康杯”竞赛成为推动企业安全生产、维护职工安全健康权益的重要平台。

第二节　工会组织劳动和技能竞赛的基本流程

一、生产型劳动和技能竞赛流程

生产型劳动和技能竞赛是一种旨在调动职工积极性、促进生产任务完成的竞赛活动。这种竞赛通常围绕生产过程中的关键环节和重要任务展开，通过比赛的形式，激发职工的创造力和工作热情，提高生产效率和质量。工会参与组织生产型劳动和技能竞赛的流程如下。

（一）明确竞赛目标和任务

工会首先需要与企业管理层沟通，明确竞赛的目标和任务，确保竞赛与生产计划和目标紧密相关。这有助于确保竞赛的针对性和有效性。

（二）制定竞赛方案和规则

根据生产任务和目标，工会需要制定详细的竞赛方案和规则。这包括确定竞赛的时间、地点、参赛人员、比赛流程、评分标准等。同时，还需要明确竞赛的奖励机制，以激励职工积极参与。

（三）宣传和组织报名

工会通过各种渠道向职工宣传竞赛信息，鼓励职工积极参与。同时，组织报名工作，对参赛职工进行资格审核，确保参赛者具备相应的生产技能和经验。

（四）组织实施和监督

在竞赛开始前，工会需要做好各项准备工作，如布置比赛场地、准备比赛器材等。在竞赛过程中，要确保比赛的公平、公正和公开，监督比赛过程的规范性和安全性。同时，工会还需要与生产部门密切配合，确保竞赛与生产任务的顺利完成。

（五）评选和奖励

根据竞赛规则和评分标准，对参赛者的表现进行评选，确定优胜者。对优胜者给予奖励，可以是荣誉证书、奖金或其他形式的奖励，以激励更多的职工参与生产型劳动和技能竞赛。

（六）总结和反馈

竞赛结束后，工会需要对竞赛进行总结和反馈，分析竞赛过程中的问题，总结经验，提出改进措施。同时，将竞赛结果和优秀表现进行宣传和推广，促进职工技能水平的提高和生产任务的顺利完成。

二、技能型劳动和技能竞赛流程

技能型劳动和技能竞赛是一种专门针对技能型劳动的竞赛活动，旨在通过比赛的形式，促进职工技能的提升和传播，同时展示和认可职工在特定技能领域的优秀表现。这类竞赛通常要求参赛者具备一定的专业技能和实践经验，能够在实际操作中展现出高超的技能水平。工会参与组织技能型劳动和技能竞赛的流程如下。

（一）确定竞赛主题和目标

工会首先需要明确竞赛的主题和目标，如提高职工技能水平、促进技能传播、推动产业发展等。根据主题和目标，确定竞赛的具体项目和规则。

（二）制订竞赛计划和方案

工会需要制订详细的竞赛计划和方案，包括竞赛的时间、地点、参赛条件、比赛流程、评分标准等。同时，还需要确定竞赛的组织机构、裁判团队、奖励机制等。

（三）宣传和组织报名

通过各种渠道，如企业内部通知、海报、横幅等，向广大职工宣传竞赛信息，鼓励职工积极参与。同时，组织报名工作，对参赛职工进行资格审核，确保参赛者符合竞赛要求。

（四）组织实施和监督

在竞赛开始前，做好各项准备工作，如布置比赛场地、准备比赛器材等。在竞赛过程中，要确保比赛的公平、公正和公开，监督比赛过程的规范性和安全性。

（五）评选和奖励

根据竞赛规则和评分标准，对参赛者的表现进行评选，确定优胜者。对优胜者给予奖励，可以是荣誉证书、奖金或其他形式的奖励，以激励更多的职工参与技能型劳动和技能竞赛。

（六）总结和反馈

竞赛结束后，对竞赛进行总结和反馈，分析竞赛过程中的问题，总结经验，提出改进措施。同时，将竞赛结果和优秀表现进行宣传和推广，促进职工技能水平的提高。

三、智能型劳动和技能竞赛流程

智能型劳动和技能竞赛是指应用智能技术和数据分析方法，以提高工人劳动效率、促进创新和团队协作为目标的竞赛形式。在智能型劳动和技能竞赛中，参赛者需要利用智能技术和数据分析工具来解决实际问题，展示他们在智能化生产环境中的技能和创新能力。工会参与组织智能型劳动和技能竞赛的流程如下。

（一）目标设定

根据工人和团队的能力和目标，设定合理的竞赛目标。这些目标可能包括提高生产效率、优化工作流程、减少能源消耗等。

（二）制定竞赛方案

制定竞赛的具体方案，包括竞赛主题、参与人员、时间安排、比赛形式等。同时，需要明确竞赛的评价标准和奖励机制，以激励参赛者的积极性。

（三）技术准备

提供必要的智能技术和数据分析工具，确保参赛者能够充分利用这些工具进行创新和优化。这可能包括提供培训课程、技术支持等。

（四）宣传与报名

通过各种渠道宣传竞赛信息，吸引更多的工人和团队参与。同时，组织报名工作，对参赛者进行资格审核，确保他们具备参与竞赛的条件。

（五）组织实施

在竞赛过程中，确保比赛的公平、公正和公开。这可能需要设立裁判团队、监督比赛过程等。同时，提供必要的技术支持和指导，帮助参赛者解决竞赛过程中遇到的问题。

（六）评估与反馈

利用智能技术和数据分析方法对参赛者的作品进行评估。这些评估结果可以实时反馈给参赛者，帮助他们了解自己的表现和需要改进的地方。

（七）奖励与激励

根据竞赛结果，给予优胜者相应的奖励和激励。这些奖励可以包括奖金、荣誉证书、晋升机会等，以激励更多的工人和团队参与智能型劳动和技能竞赛。

（八）总结和反思

在竞赛结束后，对整个过程进行总结和反思，分析竞赛中的问题，总结经验。同时，提出改进措施和建议，为未来的智能型劳动和技能竞赛提供参考和借鉴。

第三节 工会组织劳动和技能竞赛的基本内容

一、生产型劳动和技能竞赛创新内容

（一）技术创新与应用

技术创新是推动生产型劳动和技能竞赛持续发展的核心动力。通过引入新技术、新工艺和新设备，提高生产效率和产品质量。参赛者需要积极探索新技术在生产中的应用，将理论知识转化为实际操作，推动企业技术水平的提升。

（二）生产流程优化

针对生产过程中存在的瓶颈和问题，参赛者需要运用创新思维，对生产流程进行优化和改进。通过简化流程、提高生产效率、降低生产成本等方式，实现生产过程的优化升级，提升企业的竞争力。

（三）节能减排实践

在生产过程中，节能减排是提升企业社会责任和可持续发展的重要环节。参赛者需要关注生产过程中的能源消耗和污染物排放，通过改进生产工艺、优化设备配置等方式，实现节能减排目标，为企业的绿色发展贡献力量。

（四）智能制造探索

智能制造是未来制造业的发展方向。参赛者需要关注智能制造技术的发展趋势，积极探索智能制造在生产中的应用。通过引入智能设备、构建智能生产系统等方式，提升生产过程的自动化和智能化水平，推动企业向智能化生产转型。

（五）团队协作提升

在生产型劳动和技能竞赛中，团队协作是实现共同目标的关键。参赛者需要注重团队内部的沟通和协作，发挥每个人的优势和特长，形成合力。通过团队协作的提升，实现生产效率的提高和产品质量的提升。

（六）技能水平比拼

技能水平比拼是生产型劳动和技能竞赛的重要组成部分。参赛者需要在比赛中展示自己的专业技能和实际操作能力，通过比拼提升技能水平。同时，企业可以通过比拼了解员工的技能状况，为未来的技能培训提供参考。

（七）创新成果展示

在生产型劳动和技能竞赛中，创新成果的展示是检验竞赛成果的重要环节。参赛者需要将自己在技术创新与应用、生产流程优化、节能减排实践等方面的成果进行展示，让更多人了解并认可自己的创新成果。同时，企业可以通过创新成果的展示，了解员工的创新能力和成果，为未来的创新活动提供参考和借鉴。

（八）知识分享交流

知识分享交流是生产型劳动和技能竞赛中不可或缺的一环。参赛者需要在竞赛过程中积极分享自己的经验和知识，与其他参赛者进行交流和互动。通过知识分享交流，参赛者可以相互学习、相互启发，共同提升技能水平和创新能力。同时，企业可以通过知识分享交流，推动企业内部的知识共享和传承，为企业的发展积累宝贵的经验财富。

二、技能型劳动和技能竞赛创新内容

（一）技术创新应用

技术创新是技能型劳动和技能竞赛的灵魂。参赛者需要积极运用新技术，优化传统工艺，提高生产效率和质量。通过不断尝试和改进，将技术创新转化为实际生产力，为行业发展注入新动力。

（二）新工艺推广实践

新工艺推广实践是提升技能型劳动和技能竞赛水平的关键。参赛者需要关注行业发展趋势，掌握新工艺的核心技术，并将其应用于实际生产中。通过新工艺的推广和实践，推动行业技术的不断进步和发展。

（三）新设备应用掌握

随着科技的不断进步，新设备的出现为技能型劳动和技能竞赛带来了新的挑战和机遇。参赛者需要积极学习和掌握新设备的应用技术，将新设备与传统工艺相结合，提高生产效率和质量。通过对新设备的应用和掌握，提升个人的技能水平和竞争力。

（四）新领域拓展探索

技能型劳动和技能竞赛需要不断拓展新的领域，探索新的发展方向。参赛者需要关注行业前沿技术和发展趋势，积极尝试和探索新的领域。通过对新领域的拓展和探索，拓宽个人的视野和思路，为行业的发展贡献新的力量。

（五）个性化奖励机制

为激发参赛者的积极性和创造性，需要建立个性化的奖励机制。根据参赛者的不同特点和贡献，给予相应的奖励和荣誉。通过个性化的奖励机制，激发参赛者的创新热情和参与度，推动技能型劳动和技能竞赛的持续发展。

（六）趣味性元素引入

在技能型劳动和技能竞赛中引入趣味性元素，可以增加竞赛的吸引力和参与度。通过设计有趣的任务和挑战，激发参赛者的兴趣和热情。同时，趣味性元素的引入也可以让竞赛更加贴近生活和实际，提高参赛者的实践能力和创新能力。

（七）创新意识培养

创新意识是技能型劳动和技能竞赛的核心素质。参赛者需要具备敏锐的洞察力和创新思维，不断探索新的方法和思路。通过加强创新意识的培养，提高参赛者的创新能力和解决问题的能力，为行业的发展注入新的活力。

（八）科技手段辅助

科技手段的辅助可以为技能型劳动和技能竞赛提供更加精准和高效的支持。利用现代科技手段，如大数据分析、人工智能等，对参赛者的技能水平和表现进行精准评估和指导。通过科技手段的辅助，提高竞赛的公正性和透明度，为参赛者提供更好的展示平台和发展机会。

三、智能型劳动和技能竞赛创新内容

（一）智能化技术应用

智能化技术应用是智能型劳动和技能竞赛的核心。通过引入人工智能、机器学习等先进技术，提高生产效率和产品质量。参赛者需要掌握这些技术，并灵活应用于实际生产中，展现出智能化技术的巨大潜力。

（二）高效能生产模式

高效能生产模式是智能型劳动和技能竞赛追求的目标。通过优化生产流程、提高设备利用率、减少浪费等措施，实现生产的高效化和精益化。参赛者需要积极探索和实践高效能生产模式，为企业创造更大的价值。

（三）创新工艺与流程

在智能型劳动和技能竞赛中，创新工艺与流程是关键。参赛者需要针对现有工艺和流程进行优化和改造，提高生产效率和产品质量。通过引入新技术、新材料等方法，实现工艺和流程的创新，推动行业的进步和发展。

（四）跨界技能融合

智能型劳动和技能竞赛鼓励跨界技能融合。参赛者需要跨越传统领域的界限，将不同领域的知识和技能进行融合，形成独特的竞争优势。通过跨界技能融合，推动不同领域的交叉创新和融合发展。

（五）智能装备操作和掌握

智能装备操作和掌握是智能型劳动和技能竞赛的重要一环。参赛者需要熟练掌握各类智能装备的操作技术，充分发挥智能装备的潜能。通过智能装备的操作和掌握，提高生产效率和产品质量，展现智能装备在智能化劳动和技能竞赛中的重要作用。

（六）数据分析与决策

在智能型劳动和技能竞赛中，数据分析与决策能力至关重要。参赛者需要运用数据分析技术，对生产过程中的数据进行收集、处理和分析，为决策提供科学依据。通过数据分析与决策能力的提升，实现精准管理和优化生产。

（七）智慧服务与管理

智慧服务与管理是智能型劳动和技能竞赛中的重要组成部分。参赛者需要利用信息技术手段，提升服务水平和管理效能。通过引入智慧化的服务理念和管理方法，推动企业的转型升级和持续发展。

（八）竞赛规则创新

竞赛规则创新是智能型劳动和技能竞赛持续发展的关键。组织者需要根据技术发展和行业需求，不断调整和完善竞赛规则。通过竞赛规则的创新，激发参赛者的创新热情和创造力，推动智能型劳动和技能竞赛的深入发展。

本讲思考

1. 工会组织劳动和技能竞赛的基本职责有哪些？

2. 工会组织劳动和技能竞赛的基本流程是什么？

3. 工会组织劳动和技能竞赛的基本内容有哪些？

第八讲

工会与职业病防治监督

本讲要点

1. 了解工会组织在职业病防治工作中的地位与作用。

2. 掌握工会参与职业病防治的监督职责。

3. 熟悉工会在职业病防治工作中的模式。

引导案例

职业病防治“三查一看”督查活动

2019年3月27日，福建省总工会下发《关于开展2019年工会职业病防治“三查一看”督查活动的通知》，对全省工会职业病防治“三查一看”督查活动进行了周密部署，提出了实施目标、时间安排和工作要求。“三查一看”是什么呢？查职业安全卫生组织机构，监督检查队伍，主要机制制度以及工作计划和实施方案等是否完备；查劳动合同和集体合同中维护劳动者职业健康、保障企业安全生产等内容是否明确；查职业健康监护档案，职工岗前、岗中、离岗职业健康体检等是否落实。看职业危害的作业现场是否合理、规范、科学。同时，省总工会积极参与法律法规、政策性文件的出台和修订，发挥省政府安委会成员单位的作用，提出工会的意见和主张，从源头上维护职工安全健康权益。活动期间，全省各级工会以职业病防治周、安全生产月、“八闽安全发展行”为契机，以“安康杯”竞赛活动为载体，以报纸、杂志、电视、网络、微信为媒介，结合工会安全生产宣传教育“走基层、进企业”活动，深入基层、深入企业开展宣传教育培训活动，向广大基层干部发放宣传手册，普及安全生产和职业健康知识。

案例思考

（1）工会参与职业病防治监督的形式有哪些？

（2）工会参与职业病防治监督的法律依据是什么？

（3）工会参与职业病防治监督的基本流程是什么？

第一节 工会参与职业病防治的监督职责

一、督促建立健全职业病防治责任制

职业健康是社会文明进步的要素，是人生幸福、家庭美满、安全发展、社会和谐的基础，也是职工实现体面劳动和全面发展的前提。同时，职业健康也反映了一个国家的生产技术和职业病预防水平。虽然我国目前正一步步加强对职工的职业安全重视，牢固树立安全健康生产理念，但职业病防治形势依然严峻、任务依然艰巨。为此工会作为维护职工权益的代表，应充分发挥工会的基本职能，大力督促建立健全职业病防治责任制。

（一）建立健全职业病防治责任制

要做到认真贯彻国家有关职业病防治的法律法规，将政策和标准落实到实际职工情况中，通过各部门职业卫生管理体系，定时召开关于劳动者的职业卫生工作会议，听取工作报告，研究和制订年度职业病防治计划和方案、对各项职业病专项的执行计划，落实各级职业病防治责任制以及职业病防治所需经费，确保劳动者在劳动过程中的健康与安全，督促落实各项防治措施。

（二）构建全面职业病防治责任体系

健全职业病防治责任制可以抑制劳动者患病的可能性，增强对劳动者的职业健康保障，监督用人单位做到落实职业病防治措施主要责任的方式主要有以下两种：①充分利用职工代表大会、平等协商集体合同制度等多种形式，监督用人单位依法申报职业病危害项目，健全职业卫生管理制度，配备专业职业卫生管理人员，加强作业场所职业病危害因素监控，在有职业病危害的作业岗位设置警示标识和警示说明，设置有效的防护设施，给作业人员配发防护用品，配备必要的应急救援设备和人员，为劳动者提供符合职业卫生标准的工作条件。②督促用人单位规范进行劳动用工，保障劳动者的权益，加强对职业健康管理的重视，监督用人单位依照国家有关职业病防治的法律法规的要求，签订有具体的职业病防治内容和要求的劳动合同，及时履行对劳动者的职业病危害的告知义务，确保劳动者的知情权得到保障，落实有害作业岗位津贴和女职工、未成年工特殊保护政策，对从事接触职业病危害因素的劳动者在上岗前要进行岗位培训以及在上岗前、在岗中、离岗时，要进行职业健康检查，对遭受职业病危害的劳动者要及时组织救治。

（三）创新机制提升职工职业健康保护

可以通过“安康杯”竞赛等多种形式，引导生产一线职工在职业危害隐患排查和治理中发挥主力军作用，提高职工对于职业安全隐患的重视程度，加强对职业病的成因以及防治职业病手段的了解。改善用人单位的工作，管理机制，让企业和员工都能共同健康发展，在管理机制中“明确一个思路，突出两个重点，抓好三项活动”督促了各单位落实职工健康保护主体责任，增强了职工的自我关爱意识，将职工健康保护拓展到新业态群体中和非公企业。

二、落实职工在职业病防治中的民主权利

根据相关调查，我国每年约有 2.74 亿名农村外出务工人员，其中约 60%就业于职业健康风险高的行业，近年来农民工职业病发病人数占总发病人数的 80%以上，农民工已成为职业病的高发群体。对于这种现象，需要用人单位定期对其进行培训，加大宣传教育，让基层劳动者充分了解职业病防治的重要性和防治职业病的方法。可以通过在一线施工场所举办关于预防职业病的有奖竞答活动，增强劳动者对职业病知识学习的积极性，有效落实职工在职业病中的民主权利。通过趣味活动的形式传播职业病知识，也更易于劳动者接纳，减少基层劳动者的职业病高发现象。

工会要呼吁提高劳动者的职业卫生意识和工作中的卫生能力，加强对劳动者职业卫生的教育，针对其教育特点，在职工中广泛地宣传国家的法律法规对于用人单位的安全卫生要求和职工在职业病防治中的民主权利，重点对青年（未成年）职工和农民工进行职业卫生教育，帮助他们了解国家关于职业病防治的相关法律法规以及政策措施，熟悉自身享有的职业病防治的民主权利和各项职业卫生权利义务，掌握职业病防护技术技能，切实提高防护职业病危害的能力。

利用工会的各种宣传渠道，宣传职工广大群体参与职业病的管理与监督的措施和职工在积极响应企业职业病防治工作中的经典事例，各级工会开展座谈会，分享职业病防治工作取得的先进经验，扩大工会参与职业病防治工作的社会影响和职工群体对职业病了解的普及。

开展职业病防治宣传，制订关于职业病预防的宣传计划，组织编写有关职业病防治科普的宣传材料，通过广播、电视、报纸、互联网等新闻媒介，推动职业病预防和法律知识普及，推进职业病防治法律法规纳入全民普法教育范围，列入健康教育的重要内容，做好每年的“职业病防治法宣传周”活动，引导职工了解职业病防治知识，在全社会形成关心劳动者健康、重视职业病防治的良好氛围。

三、督促并协助用人单位开展职业卫生宣传教育和培训

（一）加强源头参与，增强职业健康监护管理工作的法治基础

依法治国是党领导人民治理国家的基本方略，法治是治国理政的基本方式。运用法治思维和法治方式开展职业健康监护管理工作是工会工作法治化建设的客观要求。积极代表广大职工群众参与职业卫生的立法和政策制定，参与职业健康监护改革措施的制定实施，推动健全符合国情的职业健康监护标准体系，充分反映职工群众利益和职业卫生诉求，努力使全体职工享有公平的职业卫生保障权利。完善立法和政策参与机制，通过向党委和政府及有

关部门报送专题报告、动员工会人大代表和政协工会界委员提出职业健康监护议案提案等方式，及时提出职业健康监护法规政策立、改、废工作的建议，使广大职工的意愿和要求能更好地体现在法律法规和政策规章之中。主动配合各级人大执法检查、政府监察、政协视察活动，督促用人单位落实职业健康监护责任，加强对职业健康监护管理法律法规落实的监督。

（二）加大监督力度，督促用人单位落实职业健康监护责任

工会依法对职业病防治工作进行监督，维护劳动者的合法权益，是法律赋予工会组织的重要职责。通过职工代表大会等民主管理制度，积极行使劳动保护民主权利，支持鼓励职工对职业健康体检和职业健康监护档案建立等工作提出意见建议，把用人单位职业健康监护开展情况作为劳动保护重点内容进行审议，监督职业健康检查费用列支情况，落实职工在职业卫生方面的知情权、参与权、表达权、监督权。充分发挥劳动合同、集体合同制度对调整劳动关系的基础作用，通过平等协商把开展职业健康体检和建立职业健康监护档案等内容纳入劳动安全卫生专项集体合同，督促用人单位严格职业健康监护管理、履行合同义务、纠正不规范合同。监督用人单位建立健全职业健康监护制度，提出职工的意见建议，协助用人单位组织开展职工上岗前、在岗期间和离岗时的职业健康检查，督促用人单位妥善安置有职业禁忌和受到职业健康损害的职工、建立健全和保存管理职业健康监护档案等。重视用人单位在职业健康监护管理过程中矛盾的排查调处，努力把问题化解在基层、解决在萌芽状态。

强化企业职业病防治责任意识、企业领导和职工的职业卫生意识的提高是降低职业危害事故的发生率，控制消除职业病危害的关键。因此，企业工会应加强职业病防治法律法规和防治知识的宣传教育，可以聘请卫生、安监、工会等部门的专家来上课，也可以参加相关专业部门组织的培训，让企业领导和劳动者都能明确自己在职业病防治工作中的责任和义务，普及法律法规和职业卫生知识及职业防护技能，让企业领导知道企业是职业病防治的第一责任人，也能让企业领导意识到，做好单位职业病防治工作，不仅是保护劳动者的健康，更是有利于促进企业的可持续发展；从事有毒有害作业的工人文化水平偏低，职业卫生知识知晓率也偏低，因此对他们加强培训教育，提高他们的职业卫生防护意识，使他们了解自己工作岗位的有毒有害因素，掌握预防有毒有害因素的方法、措施及技能，自觉使用防护用品。

（三）发挥群众活动优势，促进职业健康监护管理工作健康发展

充分发挥“安康杯”竞赛活动载体作用，组织开展内容丰富、形式新颖的群众性职业健康活动，发挥广大职工在职业卫生中的行为主体作用，坚持把职业健康监护与推动职业危害申报、组织职业危害隐患排查、开展职业卫生培训教育等结合起来，丰富活动内容，创新活动形式，使群众性职业卫生活动更加贴近职工需求、贴近企业发展，通过活动教育鼓励督促用人单位特别是中小企业开展职业健康监护管理工作，进一步巩固和扩大职业健康监护管理的覆盖面。积极利用“职业病防治法宣传周”等活动形式，在广大职工中深入宣传国家职业健康监护的法律法规，宣传党和政府加强职业健康监护的政策措施，宣传工会参与职业健康监护管理的举措做法，帮助职工了解自身享有的职业卫生保护权利，教育提高职工预防职业危害自我保护的意识能力，引导职工依法维护自身权益，合法表达职业卫生诉求，积极营造工会参与职业健康监护管理工作的良好氛围。工会要注重加强农民工的劳动保护与维权工作，企业工会干部要积极参与农民工的招聘、录用、上岗前体检、上岗前培训等工作，严禁有职业禁忌证的人员参加工作，并在规定时间内建立完整的农民工档案。同时，还要协助建立农民工健康档案，定期检查，发生职业病或其他事故应立即上报企业领导和当地有关职能部门，积极协助有关部门做好调查和维权工作，保障他们有人管、有钱医；企业工会还应帮助企业领导改变陈旧落后的观念，增加投入、改善劳动者待遇，为农民工提供适当的培训机会，形成稳定的职工队伍。从长期利益来看，企业的劳动成本就会逐渐下降，而且更能激发工人工作的积极性，从而创造更大的价值。

（四）依法代表劳动者与用人单位签订劳动安全卫生专项集体合同

工会要加强协调配合，形成推进劳动安全卫生专项集体协商工作合力。在建立健全三方协商机制的基础上，针对特定时期的特定问题，工会要积极主动与政府有关部门加强沟通联系，通过建立与安监、卫生、人社等政府部门的联席会议制度，争取更多的资源和手段，提高实效。针对安全生产事故高发、职业病危害高危等重点行业企业，开展联合督查，按照职责分工，重点突破，以点带面、条线结合，强化工作推进力度。

工会要加强宣传引导，提高社会各方共识。采取针对性措施，加大对推行专项集体合同重要性和必要性的宣传力度，使各级党政认识到推行劳动安全卫生专项集体合同制度，是协调劳动关系、解决民生问题、构建和谐社会的重要内容；使广大企业认识到推行劳动安全卫生专项集体合同制度，是增强企业凝聚力和向心力、推动安全发展的重要手段；使基层工会认识到推行劳动安全卫生专项集体合同制度，是参与社会管理创新、发挥群防群控群治作用的重要途径；使职工群众认识到推行劳动安全卫生专项集体合同制度，是维护自身安全健康权益、保障安全生产民主权利的重要载体。

工会要加强顶层设计，规范专项集体合同工作机制。规范工作程序，做到协商签约规范化、合同条款法制化、合同内容特色化、履约工作扎实化、监督检查制度化。完善制度台账，做到有书面要约、有协商记录、有审查意见、有审议公示、有监督检查、有档案资料。内容上要求全面，流程上要求合理，条款上要求切合企业、岗位特点。

工会要加强分类指导，推动专项集体合同广泛覆盖。一方面，要加强对危险程度较高、职业危害严重、事故多发的行业企业分类指导，开展行业集体协商；对非公中小企业可以通过区域集体协商等方式，加大工作推进力度。另一方面，要探索推进这项工作的新路子、新方法，扩大劳动安全卫生专项集体合同对非公中小企业职工、劳务派遣工、农民工以及灵活就业人员的覆盖面。注重群策群力，鼓励职工群众积极参与。职工群众既是劳动安全卫生专项集体合同工作的参与主体，也是劳动安全卫生专项集体合同的受益主体。要采取多种措施，保证职工在企业安全生产方面的知情权、参与权、建议权和监督权，发挥职工群防群控群治的积极作用，实现从“要我安全”到“我要安全”的转变。

工会要突出教育培训，提升工会干部及职工方代表的谈判能力。要提升各级工会干部业务能力，把集体协商、专项集体合同作为工会干部教育培训的重要内容，真正使工会干部敢协商、会协商、谈得拢、谈得成。要提高企业经营管理者的思想认识，特别是加强对非公中小企业、新建企业、安全生产重点高危企业法人代表、分管负责人、安全管理人员的培训教育，使他们认识到劳动安全卫生专项集体协商对推动建立和谐劳动关系、促进实现企业安全发展的积极作用，使他们积极应约、认真履约。要增强职工的民主管理素质，提高他们安全生产的权利义务意识，调动其参与企业安全管理的积极性和主动性。

第二节　工会参与职业病防治监督的基本流程

一、设立职业安全健康监督检查小组

2010 年 10 月 8 日，中央编办印发了《关于职业卫生监管部门职责分工的通知》，调整完善了职业卫生监管职责分工。全国总工会的职责是依法参与职业危害事故调查处理，反映劳动者职业健康方面的诉求，提出意见和建议，维护劳动者合法权益。

（一）建立联合职业安全卫生委员会

中小企业工会建立联合职业安全卫生委员会，成员由代表企业方的委员（以下简称行政委员）和代表工人的委员（以下简称工人委员）组成，其中

至少有一半应为工人委员。联合职业安全卫生委员会的职责是对企业职业安全卫生问题进行平等协商，提出协议草案；每月至少进行一次职业安全卫生检查，提出消除危险的书面建议等。同时从领导承诺和指导、劳动者参与、现场职业危害检查、职业危害预防与控制等各个方面对企业的职业病防治工作进行监督检查。

（二）组织劳动保护监督

各级工会组织还定期或不定期地组织劳动保护监督检查人员，深入关键生产装置和要害生产部位，对重大事故隐患、重大职防危险源进行监督检查并全程跟踪相关问题的整改和反馈，确保了工会参与职业病防治工作的有效开展。

（三）服务企业职业卫生管理工作

国家级职业病防治机构应做好用人单位职业卫生监督检查法律法规制定，职业危害及职业病发病情况的监测报告和统计分析，职业健康风险评估技术指导，职业卫生标准制修订，职业健康监护与职业病诊断鉴定制度设计，职业卫生检测和评价技术服务机构的资质认定和监督管理，毒性评价，健康教育和健康促进等工作。注重与企业和现场的紧密结合，发展应用型技术，解决职业人群健康的实际问题。以学科国际前沿为目标，以符合社会需求的技术应用型研究为导向，建设国家级重点学科、重点实验室、研究中心和临床研究基地；以重点实验室和研究基地为支撑，构建学术创新组织体系，推动职业病防治从注重疾病诊断治疗向注重健康促进转变。

（四）信息化建设

信息化建设对于监督机构的组织管理水平在国家建筑行业快速发展的时期显得尤为关键，监管资源的有限只有通过信息化水平来提高监管效率。但我国信息化建设制度建立使用还不够普及，监督机构安全信息的交流和采集不够方便快捷，比如监督机构领导对监督机构监管范围内工程项目的安全情况了解渠道仍然主要是通过监督小组成员的询问或者提交的报告，而监督小组的工作进展不可避免地具有一定的滞后性。

二、建立"三方协调机制"

(一)"三方协调机制"的构建

劳动关系三方协调机制，根据国际劳工组织规定，是指政府（以劳动部门为代表）、雇主组织和工人组织之间，就制定和实施经济与社会政策而进行的所有交往和活动。所有这些交往与活动都以法律为基础和原则。在职业病防治三方（劳方、资方、政府）协调机制方面，全国总工会与卫健委、应急管理部等政府机构在职业病防治领域的多个方面已经建立了经常性的工作联系。劳动合同中职业卫生条款内容存在缺陷。目前劳动合同签订率不高，执行率更低；并且多数不符合有关职业病防治法律法规要求，现有劳动合同基本上采用格式合同，对劳动安全卫生条款只做原则性规定，可操作性差或根本没有劳动安全卫生条款，一旦发生劳动争议，就难以起到维权作用。

(二)"三方协调机制"的定位

在确定"三方委"总体定位时，把发展和谐劳动关系联席会议定位为各职能部门的协调平台，把"三方委"定位为落实联席会议确定各项任务，协调政府和企业以及动员全社会共同参与的协商推进平台，并将"三方委"的建立和职能职责在贯彻落实中央10号文件的实施意见中给予明确。这是在几次清理各类议事机构中，"三方委"得以保留并发挥作用的根本保障。坚持平等协商。"三方委"组建伊始明确三方站位：人社部门代表政府各职能部门组织、引导、协调、制定劳动关系各项政策；工会全力将协调劳动关系的各项政策在保护职工权益方面得到充分的表达和体现，重点推动集体协商；企业代表组织要通过协商维护企业和企业家利益并推动落实各项政策的落地。在此基础上，采取"3+N"形式，根据工作需要，适时扩大参与"三方协调机制"的部门。坚持共同目标。"三方协调机制"总体目标是在促进企业发展、维护职工权益过程中践行社会主义协商民主制度，共同目标是

“三方协调机制”运行的基础，通过多项措施实现共同目标下的充分合作。以上基本原则，决定了“三方协调机制”兼具调动三方力量推进构建和谐关系的合力。

（三）“三方协调机制”的职能

“三方协调机制”工作是企业建立和谐劳动关系的需要，工作要想取得成效，必须统一思想，顾全大局，积极合作。“三方协调机制”建设对于维护劳动关系双方的利益，最大限度地保护、调动和发挥广大职工的积极性，促进劳动关系的和谐稳定具有重要意义。有利于强化政府在宏观层面协调劳动关系的力度，在工会组织和企业代表组织的共同支持和配合下，更好地履行政府对劳动关系的调节、监管、管理职能；有利于指导、帮助和督促企业建立健全劳动合同、集体合同制度和职代会等规范劳动关系的制度，依法保障职工合法权益，促进企业健康发展。各级有关部门和单位要充分认识建立“三方协调机制”的重要性和必要性，进一步提高做好这项工作的自觉性和坚定性。三方机制建设对于维护劳动关系双方的利益，最大限度地保护、调动和发挥广大职工的积极性，促进劳动关系的和谐稳定具有重要意义。进一步加强三方机制建设，有利于强化政府在宏观层面协调劳动关系的力度，在工会组织和企业代表组织的共同支持和配合下，更好地履行政府对劳动关系的调节、监管、管理职能。

第三节　工会参与职业病防治监督的基本内容

一、职工在职业病防治中的民主权利

（一）知情权

根据《职业病防治法》的规定，产生职业病危害的用人单位，应当在醒

目位置设置公告栏，公布有关职业病防治的规章制度、操作规程、职业病危害事故应急救援措施和工作场所职业病危害因素检测结果。对产生严重职业病危害的作业岗位，应当在其醒目位置，设置警示标识和中文警示说明。向用人单位提供可能产生职业病危害的设备、化学品、放射性同位素和含有放射性物质的材料的，应当提供中文说明书，并在设备的醒目位置设置警示标识和中文警示说明。

《职业病防治法》还规定，用人单位与劳动者订立劳动合同（含聘用合同）时，应当将工作过程中可能产生的职业病危害及其后果、职业病防护措施和待遇等如实告知劳动者，并在劳动合同中写明，不得隐瞒或者欺骗。对从事接触职业病危害的作业的劳动者，用人单位应当组织上岗前、在岗期间和离岗时的职业健康检查，并将检查结果如实告知劳动者，劳动者有权了解工作场所产生或者可能产生的职业病危害因素、危害后果和应当采取的职业病防护措施。

（二）培训权

用人单位应当对劳动者进行上岗前的职业卫生培训和在岗期间的定期职业卫生培训，普及职业卫生知识，督促劳动者遵守职业病防治法律、法规、规章和操作规程，指导劳动者正确使用职业病防护设备和个人使用的职业病防护用品。劳动者应当学习和掌握相关的知识，遵守相关的法律、法规、规章和操作规程，正确使用、维护职业病防护设备和个人使用的职业病防护用品。劳动者有权获得职业卫生教育、培训。

（三）拒绝冒险权

根据《职业病防治法》的规定，劳动者有权拒绝在没有职业病防护措施下从事职业危害作业，有权拒绝违章指挥和强令的冒险作业。用人单位若与劳动者订立劳动合同时，没有将可能产生的职业病危害及其后果等告知劳动者，劳动者有权拒绝从事存在职业病危害的作业，用人单位不得因此解除或者终止与劳动者所订立的劳动合同。

（四）检举、控告权

《职业病防治法》在总则中就明确规定，任何单位和个人有权对违反本法的行为进行检举和控告。对违反职业病防治法律、法规以及危及生命健康的行为提出批评、检举和控告，是《职业病防治法》赋予劳动者一项职业卫生保护权利。用人单位若因劳动者依法行使检举、控告权而降低其工资、福利等待遇或者解除、终止与其订立劳动合同，《职业病防治法》明确规定这种行为是无效的。

（五）特殊保障权

未成年人、女职工、有职业禁忌的劳动者，在《职业病防治法》中享有特殊的职业卫生保护的权利。根据《职业病防治法》规定，产生职业病危害的用人单位在工作场所应有配套的更衣间、洗浴间、孕妇休息间等卫生设施。国家对从事放射、高毒等作业实行特殊管理。用人单位不得安排未成年工从事接触职业病危害的作业，不得安排孕期、哺乳期的女职工从事对本人和胎儿、婴儿有危害的作业，不得安排有职业禁忌的劳动者从事其所禁忌的作业。

（六）参与决定权

参与用人单位职业卫生工作的民主管理，对职业病防治工作提出意见和建议，是《职业病防治法》规定的劳动者所享有的一项职业卫生保护权利。劳动者参与用人单位职业卫生工作的民主管理，是职业病防治工作的特点所决定的，也是确保劳动者权益的有效措施。劳动者本着搞好职业病防治工作，应对所在的用人单位的职业病防治管理工作是否符合法律法规规定、是否科学合理等方面，直接或间接地提出意见和建议。

（七）职业健康权

对于从事接触职业病危害的作业的劳动者，用人单位除了应组织职业健康检查，《职业病防治法》还规定了用人单位应为劳动者建立职业健康监护档案，并按照规定的期限妥善保存。对遭受或者可能会遭受急性职业病危害的劳动者，用人单位应及时组织救治，进行健康检查和医学观察，所需费用由用人单位承担。获得职业健康检查、职业病诊疗、康复等职业病防治服务，是劳动者依法享有的一项职业卫生保护权利。当劳动者被疑患有职业病时，《职业病防治法》规定用人单位应及时安排病人进行诊断，在病人诊断或者医学观察期间，不得解除，或者终止与其订立的劳动合同。根据这个法律的规定，职业病病人依法享受国家规定的职业病待遇。用人单位应按照国家有关规定，安排病人进行治疗、康复和定期检查；对不适宜继续从事原工作的病人，应调离原岗位，并妥善安置；对从事接触职业病危害作业的劳动者，应给予适当岗位津贴。职业病病人的诊疗、康复费用，伤残以及丧失劳动能力职业病病人的社会保障，按照国家有关工伤社会保障的规定执行。

（八）损害赔偿权

用人单位应当建立健全职业病防治责任制，加强对职业病防治的管理，提高职业病防治水平，对本单位产生的职业病危害承担责任，这是《职业病防治法》总则中的一项规定。此项法律规定，职业病病人除依法享有工伤社会保险外，依照有关民事法律，尚有获得赔偿权利的，有权向用人单位提出赔偿要求。

《职业病防治法》也对劳动者的相关义务作出了规定，如履行劳动合同、遵守职业病防治法律法规规定、遵守用人单位工农业卫生规章、接受职业卫生培训、按规定使用职业卫生防护设施及个人防护用品、遵守操作规程等义务。

二、职业病防治监督检查

（一）督促企业落实主体责任

切实履行法律赋予工会的监督职责，督促企业贯彻落实安全生产相关法律法规，履行安全生产主体责任和企业全员安全生产责任制，执行安全生产规章制度和操作规程，加强现场安全管理和重大危险源监控，强化关键设施装置安全运行维护和落实安全防范措施。督促建立健全职业病防治责任制，采取职业病防治管理措施，采用有效的职业病防护设施。加大资金投入，实施安全生产和职业病防治教育培训计划，提高企业安全生产和职业病防治水平。

（二）落实职工在安全生产和职业病防治中的民主权利

督促企业充分发挥职代会作用，保障广大职工的知情权、参与权、表达权、监督权。在制定涉及职工安全健康合法权益的规章制度、确定涉及安全生产和职业病防治的重大事项时，要广泛征求职工意见，经过职代会审议通过。在开展劳动安全卫生集体协商、签订专项集体合同时，要与职工认真协商达成共识，经职代会审议通过。积极推动企业建立健全重大隐患治理情况向负有安全生产监督管理职责的部门和企业职代会“双报告”制度。

（三）参与安全生产监督检查

积极配合协助政府或企业开展安全生产和职业病防治监督检查，促进企业和职工增强安全意识，消除生产过程中的不安全因素。工会要主动监督、敢于监督、善于监督，对于监督检查中发现的违章指挥、强令职工冒险作业、生产设备安全隐患突出、职工培训不足等危害职工安全健康权益的重大问题，要依法采取相应措施予以制止，并向政府相关部门反映，提出工会的处理意见，督促、跟踪企业及时整改。

（四）参加职工伤亡事故的调查处理

按照《工会法》《安全生产法》《生产安全事故报告和调查处理条例》的规定，依法参加事故调查处理。在参加事故调查过程中，重点关注职工伤亡程度、抢险救援进展、受灾职工安置、职工是否获得工伤保险待遇等方面。要旗帜鲜明地维护伤亡职工的合法权益，按照事故原因未查清不放过、责任人员未处理不放过、整改措施未落实不放过、有关人员未受到教育不放过的“四不放过”原则，提出工会组织的意见和建议。及时做好职工伤亡事故的信息上报和统计分析工作，研究事故发生规律，协助事故单位制定和改进工作措施，预防同类事故反复发生，保护更多职工免受伤害。

（五）参与监督“三同时”的实施

生产经营单位工会要督促本单位新建、改建或扩建的工程项目严格落实法律法规和标准规范，劳动安全卫生设施必须与主体工程同时设计、同时施工、同时投入生产和使用，对不符合“三同时”规定或安全卫生设施不达标的，要向有关部门反映，提出改进意见和建议，并督促其整改。

三、职业卫生宣传教育和培训

（一）职业卫生宣传教育培训的意义

职业卫生培训在职业病防治管理中是不可或缺的重要工作。通过职业卫生培训和职业健康宣传教育提高产生职业病危害企业的全员职业病防治意识，一方面是满足法律法规基本要求，另一方面也是预防减少发生职业病的有效手段，促进企业健康发展。在国家发布施行的《职业病防治法》《工作场所职业卫生管理规定》《关于加强用人单位职业卫生培训工作的通知》等法律法规中，要求用人单位主要负责人、职业卫生管理人员、接触职业病危害的劳动者应开展不同类别的职业卫生培训，并有培训内容、培训时间、培训周期等明确规定。

（二）职业卫生培训的内容

加强对劳动者职业卫生教育，针对劳动者职业卫生教育特点，在职工中广泛宣传国家法律法规对企业安全卫生工作的要求和职工的相关权益，重点加强对农民工和青年职工的职业卫生教育，帮助劳动者了解国家有关职业卫生的法律法规，熟悉自身享有的各项职业卫生权利义务，掌握职业卫生防护技术技能，切实提高劳动者防护职业危害的能力。

（三）职业卫生培训的途径

利用工会的宣传阵地和新闻媒体，宣传职工群众参与职业卫生民主管理与监督的做法和效果，宣传职工在促进企业职业病防治工作中的典型事例，宣传各级工会参与职业病防治工作取得的先进经验，扩大工会参与职业病防治工作的社会影响。制订职业病防治宣传计划，组织编写职业病防治科普宣传材料，通过广播、电视、报纸、互联网等新闻媒介，推动职业卫生科技和法律知识普及，推进职业病防治法律法规纳入全民普法教育范围，列入健康教育和职业教育的重要内容，做好每年的“职业病防治法宣传周”活动，引导职工了解职业病防治知识，在全社会形成关心劳动者健康、重视职业病防治的良好氛围。

本讲思考

1. 如何加强职业健康教育和培训?
2. 如何提高工会在企业安全生产中的监督作用?
3. 如何提升工会工作人员在职业健康领域的专业能力?
4. 工会应如何与其他利益相关方协作，形成职业健康保护的合力?
5. 如何利用现代信息技术提升工会在职业健康保护中的工作效率和效果?

第九讲

工会与工伤保险监督

本讲要点

1. 了解工会组织的性质及工伤保险制度的内容。

2. 理解工会组织在工伤保险中的基本权利及义务、职工工伤待遇的基本内容。

3. 掌握工伤认定情形及认定程序、申请工伤的主体、时限和受理部门。

引导案例

如何保障农民工的辛苦钱？

2018 年 9 月，唐某等 5 名农民工经包工头李某介绍，到位于南京市栖霞区的南京某公馆从事外墙大理石装修工作。此工程的承包方是上海某建筑装饰工程有限公司。工程完工后，李某尚欠唐某等 5 人工资 7 万余元。唐某等人通过多种渠道追要工资，均因证据不足无果。农民工凭靠自己的双手、体力挣得工资，挣的是辛苦钱，也是保命钱。拖欠农民工薪资问题经过多年治理仍未被彻底根除，基层职工的权益如何得到保障？

案例思考

（1）如何提高农民工的法律意识和证据意识？

（2）如何加强工会与法律机构的合作？

（3）如何构建一个更加全面的工伤保险体系？

第一节 工会参与工伤保险的监督职责

一、工会组织在工伤保险制度中具有重要的法律地位

工伤保险制度是劳动者在生产经营或在某些规定情况下，遭遇意外事故，造成伤残、职业病、死亡等伤害，为劳动者提供医疗救助和康复服务，保证劳动者及其家属生活的社会保障制度。

工会组织在工伤保险制度中具有重要的法律地位。一方面，在劳动和社会保障工作中，普遍实行“三方协商”的机制；另一方面，工伤保险制度直接关系职工的生命权和健康权，是工会组织要维护职工的最基本的权益。工伤保险制度在很大程度上是权益保障制度，特别是在职工与单位拥有不同的

谈判能力的情况下，工会组织的参与，就显得尤为重要。

二、工会组织在工伤保险中的基本权利

根据《工会法》《工伤保险条例》《安全生产法》等的规定，工会组织在工伤保险中有以下基本权利。

（一）对用人单位的工伤保险工作实行民主监管和民主监督

《工伤保险条例》第五十三条规定，工会组织依法维护工伤职工的合法权益，对用人单位的工伤保险工作实行监督。

（二）在劳动保障部门等行政部门制定工伤保险的有关政策和标准时，提出意见

《工会法》第三十四条规定，县级以上各级人民政府及其有关部门研究制定劳动就业、工资、劳动安全卫生、社会保险等涉及职工切身利益的政策、措施时，应当吸收同级工会参加研究，听取工会意见。《工伤保险条例》第六条规定，社会保险行政部门等部门制定工伤保险的政策、标准，应当征求工会组织、用人单位代表的意见。

（三）申请工伤认定

《工伤保险条例》第十九条规定，社会保险行政部门受理工伤认定申请后，根据审核需要可以对事故伤害进行调查核实，用人单位、职工、工会组织、医疗机构以及有关部门应当予以协助。

（四）参与劳动能力鉴定委员会

《工伤保险条例》第二十四条规定，省、自治区、直辖市劳动能力鉴定委员会和设区的市级劳动能力鉴定委员会分别由省、自治区、直辖市和设区的市级社会保险行政部门、卫生行政部门、工会组织、经办机构代表以及用人单位代表组成。

（五）参与因工伤亡事故和职业病危害事故的调查

《工会法》第二十七条规定，职工因工伤亡事故和其他严重危害职工健

康问题的调查处理，必须有工会参加。工会应当向有关部门提出处理意见，并有权要求追究直接负责的主管人员和有关责任人的责任。对工会提出的意见，应当及时研究，给予答复。

（六）参与劳动争议调解和仲裁

《工伤保险条例》第五十四条规定，职工与用人单位发生工伤待遇方面的争议，按照处理劳动争议的有关规定处理。工会在处理劳动争议时，必须严格按照劳动争议处理程序，及时、正确处理好劳动争议纠纷，将矛盾消除在萌芽时期，维护职工与用人单位的和谐氛围。

（七）制止冒险作业

《工会法》第二十五条规定，工会发现企业违章指挥、强令工人冒险作业，或者生产过程中发现明显重大事故隐患和职业危害，有权提出解决的建议，企业应当及时研究答复；发现危及职工生命安全的情况时，工会有权向企业建议组织职工撤离危险现场，企业必须及时作出处理决定。

（八）纠正用人单位侵犯职工权益的行为

企业、事业单位、社会组织有违反劳动法律法规规定、侵犯职工劳动权益的情形，工会应当代表职工与其交涉，要求企业、事业单位、社会组织采取措施予以改正，相关单位应当予以研究处理，并向工会作出答复；拒不改正的，工会可以提请当地人民政府依法作出处理。

三、工会组织在工伤保险中的基本义务

（一）维护工伤职工的合法权益

工会组织作为工人阶级的代言人，应当依法维护职工的经济、政治、文化以及社会方面的合法权益。

（二）支持和帮助职工提起仲裁和诉讼

《工会法》第二十二条规定，职工认为用人单位侵犯其劳动权益而申请劳动争议仲裁或者向人民法院提起诉讼的，工会应当予以支持和帮助。

（三）协助劳动保障部门进行工伤事故的调查核实

对所发生的工伤事故进行调查核实，这既是工会组织的权力，也是其基本义务。

（四）督促和协助用人单位开展卫生、安全生产的宣传教育和培训

教育职工遵守有关安全生产及职业病防治的相关规定，引导、帮助广大职工，主动了解自身权利及义务，依法维护自身合法权益。

第二节　职工工伤保险认定的基本流程

一、工伤的认定情形

（一）认定工伤

《工伤保险条例》第十四条规定，职工有下列情形之一的，应当认定为工伤：

（1）在工作时间和工作场所内，因工作原因受到事故伤害的。

“工作时间”和“工作场所”是两个必须同时具备的前提条件，同时还得是“因工作原因”而造成的负伤、致残或者死亡。事故伤害是指职工在劳动过程中发生的人身伤害、急性中毒事故等类似伤害。

（2）工作时间前后在工作场所内，从事与工作有关的预备性或者收尾性工作受到事故伤害的。

职工为完成工作，在工作时间前后，有时需要做一些与工作有关的预备性或者收尾性工作。这段时间虽然不是职工的工作时间，但是，在这段时间内从事的预备性或者收尾性工作，是与工作有直接关系的，因此，《工伤保险条例》规定这种情形也应认定为工伤。所谓“预备性工作”，是指在工作前的一段合理时间内，从事与工作有关的准备工作，诸如运输、备料、准备

工具等。例如，甲职工在开始工作前来到单位，按照惯例对其工作时使用的机器进行调试，甲职工调试机器的行为，就属于预备性工作。如果甲职工在调试机器过程中不慎将手指搅断，其所受到的伤害，应认定为工伤。所谓“收尾性工作”，是指在工作后的一段合理时间内，从事与工作有关的收尾工作，诸如清理、安全储存、收拾工具和衣物等。例如，工作结束后，某职工将工作时使用的工具收进仓库，在收拾工具的过程中不慎被工具砸伤。该职工收拾工具的行为属于收尾性工作，该职工在收拾工具过程中受到的伤害，应认定为工伤。

（3）在工作时间和工作场所内，因履行工作职责受到暴力等意外伤害的。

“工作时间”和“工作场所”必须同时具备，并且必须是在履行本职工作，这里受到的伤害是“非工作原因”，是来自本单位或者外界的“暴力、意外”等所致。比如，有人在职工履行工作职责的时候蓄意对职工进行打击报复，对其人身进行直接攻击，致使职工负伤、致残或者死亡等。

（4）患职业病的。

根据《职业病防治法》中的第二条规定，本法所称职业病，是指企业、事业单位和个体经济组织的劳动者在职业活动中，因接触粉尘、放射性物质和其他有毒、有害物质等因素而引起的疾病。

（5）因工外出期间，由于工作原因受到伤害或者发生事故下落不明的。

实际工作中，职工除了在本单位内工作，由于工作需要，有时还必须到本单位以外去工作，这时如果职工由于工作原因受到事故伤害，按照工伤保险的基本精神，也应该认定为工伤。同时，考虑到职工因工外出期间，如果遇到事故下落不明的，很难确定职工是在事故中死亡了，还是由于事故暂时无法与单位取得联系。本着尽量维护职工合法权益的基本精神，《工伤保险条例》规定，只要是在因工外出期间，发生事故造成职工下落不明的，就应该认定为工伤。这里的“因工外出”，是指职工不在本单位的工作范围内，由于工作需要被领导指派到本单位以外工作，或者为了更好地完成工作，自己到本单位以外从事与本职工作有关的工作。这里的“外出”包括两层含义：一是指到本单位以外，但是还在本地范围内；二是指不仅离开了本单位，并且到外地去了。“由于工作原因受到伤害”，是指由于工作原因直接或间接造成的伤害，包括事故伤害、暴力伤害和其他形式的伤害。这里的“事故”，包括安全事故、意外事故以及自然灾害等各种形式的事故。

（6）在上下班途中，受到非本人主要责任的交通事故或者城市轨道交通、客运轮渡、火车事故伤害的。

①“上下班途中”，包括职工按正常工作时间上下班的途中，以及职工加班加点后上下班的途中。例如，按规定，职工上午 8 点上班，职工在 8 点前来到单位的途中，都应属于上班途中。如果职工应该下午 5 点下班，但是由于单位安排加班，职工晚 6 点才从单位走，那么职工在晚 6 点后从单位回到家的途中，也应属于下班途中。

②扩大了上下班途中的工伤认定范围，将上下班途中的机动车和非机动车事故伤害，以及城市轨道交通、客运轮渡、火车事故伤害都纳入了工伤认定范围。应从两方面来理解：一方面，职工在上下班途中，无论是驾驶机动车发生事故造成自身伤害的，还是没有驾驶机动车而被机动车撞伤的，都应该认定为工伤；另一方面，职工上下班途中无论是受到机动车和非机动车事故伤害，还是受到城市轨道交通、客运轮渡、火车事故伤害的，都应该认定为工伤。

③《工伤保险条例》对事故作了“非本人主要责任”的限定。上下班途中“非本人主要责任”的交通事故伤害才能认定为工伤；对上下班途中本人承担主要责任的交通事故，如无证驾驶、酒后驾车等行为造成本人伤亡的，不纳入工伤的范围。

（7）法律、行政法规规定应当认定为工伤的其他情形。

这是一条法律上的兜底条款规定，由于工伤事故的复杂性和不确定性不仅需要专门的法律、行政法规的规范性强制性规定，也需其他法律法规做出相应调整，对于法律、行政法规规定为工伤的其他情形，也应当纳入本条例调整的工伤范畴中。

（二）视同工伤

《工伤保险条例》第十五条规定，职工有下列情形之一的，视同工伤：

（1）在工作时间和工作岗位，突发疾病死亡或者在48小时之内经抢救无效死亡的。

在工作时间、工作岗位突发疾病死亡的。这里所称的“工作时间”，是指法律规定的或者单位要求职工工作的时间，包括加班加点时间。这里所称的“工作岗位”，是指职工日常所在的工作岗位和本单位领导指派所从事工作的岗位。例如，清洁工人负责的清洁区域范围内都属于该工人的工作岗位。这里的“突发疾病”，是指上班期间突然发生任何种类的疾病，一般多为心脏病、脑出血、心肌梗死等突发性疾病。根据《工伤保险条例》规定，职工在工作时间和工作岗位突发疾病当场死亡的，以及职工在工作时间和工作岗位突发疾病后没有当时死亡，但在48小时之内经抢救无效死亡的，应当视同工伤。

（2）在抢险救灾等维护国家利益、公共利益活动中受到伤害的。

在维护国家利益、公共利益活动中受到伤害的。“维护国家利益”，是指为了减少或者避免国家利益遭受损失，职工挺身而出。“维护公共利益”，是指为了减少或者避免公共利益遭受损失，职工挺身而出。为了帮助广大职工和劳动保障行政部门从事工伤认定的人员更好地理解和掌握哪种情形属于维护国家利益和维护公共利益，《工伤保险条例》列举了抢险救灾这种情形，但凡是与抢险救灾性质类似的行为，都应当认定为属于维护国家利益和维护公共利益的行为。需强调的是，在这种情形下，没有工作时间、工作地点、工作原因等要素要求。例如，某单位职工在过铁路道口时，看到在道口附近有个小孩正牵着一头牛过铁路，这时，前方恰好有一辆满载旅客的列车驶来，该职工赶紧过去将牛牵走并将小孩推出铁道。列车安全地通过了，可该职工却因来不及跑开，被列车撞成重伤。该职工的这种行为，就应属于维护国家利益和公共利益的行为。

（3）职工原在军队服役，因战、因公负伤致残，已取得革命伤残军人证，到用人单位后旧伤复发的。

职工有前款第（1）项、第（2）项情形的，按照本条例的有关规定享受工伤保险待遇；职工有前款第（3）项情形的，按照本条例的有关规定享受除一次性伤残补助金以外的工伤保险待遇。

（三）不得认定为工伤或者视同工伤的情形

《工伤保险条例》第十六条规定，职工符合本条例第十四条、第十五条的规定，但是有下列情形之一的，不得认定为工伤或者视同工伤：

（1）故意犯罪的；

（2）醉酒或者吸毒的；

（3）自残或者自杀的。

二、申请工伤认定的主体、时限及受理部门

《工伤保险条例》第十七条规定，职工发生事故伤害或者按照《职业病防治法》规定被诊断、鉴定为职业病，所在单位应当自事故伤害发生之日或者被诊断、鉴定为职业病之日起30日内，向统筹地区社会保险行政部门提出工伤认定申请。遇有特殊情况，经报社会保险行政部门同意，申请时限可以适当延长。

用人单位未按前款规定提出工伤认定申请的，工伤职工或者其近亲属、工会组织在事故伤害发生之日或者被诊断、鉴定为职业病之日起1年内，可以直接向用人单位所在地统筹地区社会保险行政部门提出工伤认定申请。

按照本条第一款规定应当由省级社会保险行政部门进行工伤认定的事项，根据属地原则由用人单位所在地的设区的市级社会保险行政部门办理。

用人单位未在本条第一款规定的时限内提交工伤认定申请，在此期间发生符合本条例规定的工伤待遇等有关费用由该用人单位负担。

三、工伤认定申请材料

（一）工伤认定申请材料

《工伤保险条例》第十八条规定，工伤认定申请应当提交下列材料：

（1）工伤认定申请表；

（2）与用人单位存在劳动关系（包括事实劳动关系）的证明材料；

（3）医疗诊断证明或者职业病诊断证明书（或者职业病诊断鉴定书）。

（二）工伤认定的程序

社会保险行政部门受理工伤认定申请后，根据审核需要可以对事故伤害进行调查核实，用人单位、职工、工会组织、医疗机构以及有关部门应当予以协助。职业病诊断和诊断争议的鉴定，依照《职业病防治法》的有关规定执行。对依法取得职业病诊断证明书或者职业病诊断鉴定书的，社会保险行政部门不再进行调查核实。

职工或者其近亲属认为是工伤，用人单位不认为是工伤的，由用人单位承担举证责任。

《工伤保险条例》第二十条规定，社会保险行政部门应当自受理工伤认定申请之日起 60 日内作出工伤认定的决定，并书面通知申请工伤认定的职工或者其近亲属和该职工所在单位。

社会保险行政部门对受理的事实清楚、权利义务明确的工伤认定申请，应当在 15 日内作出工伤认定的决定。

作出工伤认定决定需要以司法机关或者有关行政主管部门的结论为依据的，在司法机关或者有关行政主管部门尚未作出结论期间，作出工伤认定决定的时限中止。

社会保险行政部门工作人员与工伤认定申请人有利害关系的，应当回避。

第三节　职工工伤保险待遇的基本内容

一、行政复议、诉讼期间工伤保险医疗费用

职工在发生事故后，经社会保险行政部门作出认定工伤的决定，此后再发生行政复议、行政诉讼的，行政复议和行政诉讼期间不停止支付工伤职工治疗工伤的医疗费用。即只要被有关行政部门认定为工伤，即使对职工的工伤认定有争议的期间，职工仍然享受工伤医疗待遇，所需医疗费用从工伤保险基金支付。

二、工伤保险待遇

（一）工伤医疗补偿

（1）职工因工作遭受事故伤害或者患职业病进行治疗，享受工伤医疗待遇。

职工治疗工伤应当在签订服务协议的医疗机构就医，情况紧急时可以先到就近的医疗机构急救。治疗工伤所需费用符合工伤保险诊疗项目目录、工伤保险药品目录、工伤保险住院服务标准的，从工伤保险基金支付。工伤保险诊疗项目目录、工伤保险药品目录、工伤保险住院服务标准，由国务院社会保险行政部门会同国务院卫生行政部门、食品药品监督管理部门等部门规定。

职工住院治疗工伤的伙食补助费，以及经医疗机构出具证明，报经办机构同意，工伤职工到统筹地区以外就医所需的交通、食宿费用从工伤保险基金支付，基金支付的具体标准由统筹地区人民政府规定。

工伤职工治疗非工伤引发的疾病，不享受工伤医疗待遇，按照基本医疗保险办法处理。

工伤职工到签订服务协议的医疗机构进行工伤康复的费用，符合规定的，从工伤保险基金支付。

（2）工伤职工因日常生活或者就业需要，经劳动能力鉴定委员会确认，可以安装假肢、矫形器、假眼、假牙和配置轮椅等辅助器具，所需费用按照国家规定的标准从工伤保险基金支付。

（二）停工留薪期间的福利

职工因工作遭受事故伤害或者患职业病需要暂停工作接受工伤医疗的，在停工留薪期内，原工资福利待遇不变，由所在单位按月支付。

停工留薪期一般不超过12个月。经设区的市级劳动能力鉴定委员会确认，可以适当延长，但延长不得超过12个月。工伤职工评定伤残等级后，停发原待遇，按照本章的有关规定享受伤残待遇。工伤职工在停工留薪期满后仍需治疗的，继续享受工伤医疗待遇。

生活不能自理的工伤职工在停工留薪期需要护理的，由所在单位负责。

（三）护理费

工伤职工已经评定伤残等级并经劳动能力鉴定委员会确认需要生活护理的，从工伤保险基金按月支付生活护理费。生活护理费按照生活完全不能自理、生活大部分不能自理或者生活部分不能自理3个不同等级支付，其标准分别为统筹地区上年度职工月平均工资的50%、40%或者30%。

（四）伤残待遇

（1）伤残待遇包括以下几种。

①一次性伤残补助金，是职工在受到工伤时根据相应的工伤等级享受的伤残待遇，数额为规定月份数的本人工资，一次性支付。

②伤残津贴：是工伤职工因工致残被鉴定为一级至四级伤残，与单位保留劳动关系，退出工作岗位的，以及工伤职工因工致残被鉴定为五、六级伤残，保留与用人单位的劳动关系，本应由用人单位安排适当工作，但难以安排的，按月支付的津贴。是长期待遇。

③伤残就业补助金：合法解除劳动合同的，由用人单位一次性支付的伤残就业补助金额。

④工伤医疗补助金：是工伤职工合法解除劳动合同的，由工伤保险基金一次性支付的医疗保障费用。

（2）职工因工致残被鉴定为一级至四级伤残的，保留劳动关系，退出工作岗位，享受以下待遇。

①从工伤保险基金按伤残等级支付一次性伤残补助金，标准为：一级伤残为 27 个月的本人工资，二级伤残为 25 个月的本人工资，三级伤残为 23 个月的本人工资，四级伤残为 21 个月的本人工资。

②从工伤保险基金按月支付伤残津贴，标准为：一级伤残为本人工资的 90%，二级伤残为本人工资的 85%，三级伤残为本人工资的 80%，四级伤残为本人工资的 75%。伤残津贴实际金额低于当地最低工资标准的，由工伤保险基金补足差额。

③工伤职工达到退休年龄并办理退休手续后，停发伤残津贴，按照国家有关规定享受基本养老保险待遇。基本养老保险待遇低于伤残津贴的，由工伤保险基金补足差额。

职工因工致残被鉴定为一级至四级伤残的，由用人单位和职工个人以伤残津贴为基数，缴纳基本医疗保险费。

（3）职工因工致残被认定五、六级伤残的，享受以下待遇。

①从工伤保险基金按伤残等级支付一次性伤残补助金，标准为：五级伤残为 18 个月的本人工资，六级伤残为 16 个月的本人工资。

②保留与用人单位的劳动关系，由用人单位安排适当工作。难以安排工作的，由用人单位按月发放伤残补贴，标准为：五级伤残为本人工资的 70%，六级伤残为本人工资的 60%，并由用人单位按照规定为其缴纳各项社会保险费。伤残津贴实际金额低于当地最低工资标准的，由用人单位补足差额。

经工伤职工本人提出，该职工可以与用人单位解除或者终止劳动关系，由工伤保险基金支付一次性工伤医疗补助金，由用人单位支付一次性伤残就业补助金。一次性工伤医疗补助金和一次性伤残就业补助金的具体标准由省、自治区、直辖市人民政府规定。

（4）职工因工致残被鉴定为七级至十级伤残的，享受以下待遇。

①从工伤保险基金按伤残等级支付一次性伤残补助金，标准为：七级伤残为 13 个月的本人工资，八级伤残为 11 个月的本人工资，九级伤残为 9 个月的本人工资，十级伤残为 7 个月的本人工资。

②劳动、聘用合同期满终止，或者职工本人提出解除劳动、聘用合同的，由工伤保险基金支付一次性工伤医疗补助金，由用人单位支付一次性伤残就业补助金。一次性工伤医疗补助金和一次性伤残就业补助金的具体标准由省、自治区、直辖市人民政府规定。

（五）职工死亡的待遇

职工因工死亡，其近亲属按照下列规定从工伤保险基金领取丧葬补助金、供养亲属抚恤金和一次性工亡补助金：

（1）丧葬补助金为 6 个月的统筹地区上年度职工月平均工资。

（2）供养亲属抚恤金按照职工本人工资的一定比例发给由因工死亡职工生前提供主要生活来源、无劳动能力的亲属。标准为：配偶每月 40%，其他亲属每人每月 30%，孤寡老人或者孤儿每人每月在上述标准的基础上增加 10%。核定的各供养亲属的抚恤金之和不应高于因工死亡职工生前的工资。供养亲属的具体范围由国务院劳动保障行政部门规定。

（3）一次性工亡补助金标准为 48 个月至 60 个月的统筹地区上年度职工月平均工资。具体标准由统筹地区的人民政府根据当地经济、社会发展状况规定，报省、自治区、直辖市人民政府备案。

（六）职工因工外出期间发生事故或在抢险救灾中下落不明的待遇

从事故发生当月起 3 个月内照发工资，从第 4 个月起停发工资，由工伤保险基金向其供养亲属按月支付供养亲属抚恤金。生活有困难的，可以预支一次性工亡补助金的50%。职工被人民法院宣告死亡的，按照《工伤保险条例》第三十七条职工因工死亡的规定处理。

三、停止享受工伤保险待遇的情形

《工伤保险条例》第四十二条规定，工伤职工有下列情形之一的，停止享受工伤保险待遇：

（1）丧失享受待遇条件的；

（2）拒不接受劳动能力鉴定的；

（3）拒绝治疗的。

四、派遣出境期间的工伤保险关系

随着国际贸易交流的日益密切，我国也开启了走向世界各国的经济往来。不免会有不少职工被派遣出国，完成国外的工作任务。在被派遣出境工作期间，依据所前往国家或者地区的法律应当参加当地工伤保险的，参加当地工伤保险，其国内工伤保险关系中止；不能参加当地工伤保险的，其国内工伤保险关系不中止。

本讲思考

1. 工伤保险制度的内容是什么？工会组织在工伤保险制度中有着怎样的法律地位？

2. 认定工伤情形有哪些？视同工伤的情形有哪些？

3. 工伤认定的程序是怎样的？

4. 工伤保险待遇的内容包含哪些？

5. 小张是某企业的职工，现因工作需要调往英国工作两年，在这期间他的工伤保险关系是怎样的？

第十讲

工会与劳动保护工作实践

本讲要点

1. 了解工会劳动保护监督检查的主要创新做法。

2. 理解工会组织创新“安康杯”竞赛的主要载体、内容和形式。

3. 掌握职业安全卫生防护“工具包”概念、基本内容和创新做法。

引导案例

上海金山区总工会持续推广职业安全卫生“工具包”

“工具包”项目起源于国际劳工组织，通过运用工效学原理，总结提炼出9大类132项技术解决方案，用来改善工作环境、提高生产效率、预防控制安全和职业危害事故发生。金山正处在转型发展攻坚期，自2015年起，金山区总工会在上海市总工会的指导下，每年将“工具包”项目列入区总工会“爱在鑫工”实事项目，建立区总工会、直属工会和基层企业三级“工具包”项目领导小组，形成“区总统筹、街镇协调、职工排查、企业落实”的工作模式。目前，金山各级工会已指导186家企业，惠及5.6万名职工，区总工会共投入100余万元资金支持，带动企业投入配套改造资金1.2亿元，推动8000余项涉及职工切身利益的安全卫生问题有效整改。

企业生产现场千差万别，安全卫生条件也是各不相同，为此，金山区总工会专门配套制定了《职业卫生防护“工具包”工作手册》，将涉及照明、厂房、机械、工具等9大类132个检查内容制作成对照表，辅以实施过程记录表、专家评估报告、总结报告等全套管理流程文件。通过提供应用模板，快速提高“工具包”项目的社会接纳度，使得基层单位易上手、好操作。该区总工会还不断深化与区应急、区疾控和第三方专业机构的联动，聘请了30余名安全健康领域的专家，分派到辖区开展定期、定人、定企业的指导服务。

案例思考

（1）工会如何监督检查中小企业劳动保护状况？

（2）如何推广使用职业安全卫生“工具包”？

（3）上海金山区总工会多年持续推广“工具包”的创新做法主要体现在哪些方面？

第一节　工会开展工具包推广的实践做法

一、什么是工具包

职业安全卫生防护“工具包”（以下简称工具包），是国际劳工组织针对中小企业工作场所普遍存在的职业安全卫生问题，在收集、整理世界各国预防控制职业危害、保护劳动者安全健康的实践经验基础上，总结提炼出涵盖9大类132项技术解决方案的统称。

二、工具包的基本内容

由国际劳工局编著、张敏主译的《工效学检查要点（第二版）》全面系统地介绍工效学检查要点，包括132项检查要点，涵盖了企业工作场所中存在的物料储存和处理、手持工具、机械安全、工作台设计、照明、厂房、有害物质和有害因素、辅助（福利）设施、工作组织等工效学9大方面的主要问题和相应的干预措施。工效学检查表是按照《工效学检查要点（第二版）》全部标题列出的132项检查要点，使用者可使用整个检查表或仅使用与自己工作场所有关的检查项目。

（一）物料储存和处理

1. 清理并标识运输通道。
2. 保持过道和走廊足够宽，容许双向运输。
3. 确保运输通道的路面平坦、不滑、无障碍。
4. 在工作场所内，提供小斜面的坡道，用以替代小台阶或者凸凹处。
5. 改进工作区布局，最大限度地减少物料运输的需求。
6. 搬运物料时，使用小推车、手推运货车和其他带轮或滚轴的装置。

7. 使用移动式储货架，避免不必要的装卸。

8. 在工作区附近使用多层储货架，减少人工搬运物料。

9. 使用机械设施升降和搬运重物。

10. 使用输送带、起重机和其他机械运输方法，减少物料的人工操作。

11. 将重物分装到较小、较轻的包装、容器或者货盘中，避免搬运重物。

12. 为所有的包装和容器提供把手、手柄或良好的握持点。

13. 在同一工作高度水平地搬运物料。

14. 消除操作物料时需要弯腰或者扭曲身体的工作任务。

15. 手工操作物料时，保持物件靠近身体。

16. 提举重物与轻体力劳动相结合，以避免伤害和疲劳，并提高效率。

17. 提供放置方便、容易清空的废物容器。

（二）手持工具

18. 为特定工作任务选用专用工具。

19. 提供安全的动力工具，并确保配备安全防护装置。

20. 使用悬吊式工具完成在同一地方的重复性工作。

21. 使用虎钳和夹钳固定材料或工件。

22. 使用精密工具时提供手部支撑装置。

23. 将工具重量减到最轻（除锤子外）。

24. 为手持工具提供把手。把手的厚度、长度、形状和大小适宜，易于操作。

25. 手持工具的把手应有一定的摩擦力，或者配备保护装置或制动装置，以避免滑落或者夹手。

26. 提供有绝缘性能的工具，避免灼伤和触电。

27. 将手持工具的振动和噪声降到最小。

28. 为每件工具提供一个“家”。

29. 定期检查和维护手持工具。

30. 劳动者培训后才能容许使用电动工具。

31. 操作动力工具时，要为稳定的姿势和稳固的立足点提供足够的空间。

32. 设计预防无意操作的控制器。

33. 确保应急控制器清晰可见，并使操作者在其自然的工作状态下容易触摸到。

34. 确保不同的控制器容易区分。

35. 确保劳动者能舒适地看清并能触摸到所有控制器。

（三）机械安全

36. 按照操作顺序布置控制器。

37. 按照“人的自然预期”（natural expectations）设计控制器的运动方向。

38. 限制脚踏开关的数量，若要使用，应易于操作。

39. 确保显示器和信号器相互易于区分和阅读。

40. 在显示器上使用标识或者颜色，帮助劳动者理解如何操作。

41. 只有易于被当地人理解时才使用标识。

42. 确保标签和标识醒目、易于阅读和理解。

43. 使用劳动者容易正确理解的警示标识。

44. 使用夹具和固定装置，保证机械操作稳定、安全、有效。

45. 购买符合安全标准的机械。

46. 安装进料和出料装置，使操作者的手远离机械的危险部位。

47. 使用适当的固定安全防护装置或屏障，预防直接接触机械运动部分。

48. 使用安全联锁屏障，保证机械运行时劳动者不可能接触那些危险点位。

49. 改进工作场所，建立叉车安全运行规程，并提供适当培训。

50. 定期检查、清洁和维护机械设备，包括电线。

51. 将每位劳动者的工作高度调节到或略低于肘关节水平。

（四）工作台设计

52. 确保工作场所满足身材较矮小的劳动者的需求。

53. 确保工作场所满足身材较高大的劳动者的需求。

54. 将常用的物料、工具和控制器放置在易取处。

55. 在每个工作区提供一个稳固的多功能工作面。

56. 确保劳动者能自然站立且双脚承受其体重，能靠近并在身前就能完成操作。

57. 容许劳动者尽量能交替采用立姿和坐姿工作。

58. 为立姿工作的劳动者提供椅子或凳子，以便稍坐片刻。

59. 为坐姿工作的劳动者提供良好的、可调节的靠背椅。

60. 提供可调节高度的计算机工作台，并将与计算机相关的外围设备安置在易及处。

61. 为使用视频显示装置（VDU）的劳动者提供定期的眼科检查和适宜的眼镜。

62. 为高处作业者提供坚固、稳固的立足点和充分的保护装置。

63. 为在工作场所使用的机动车配备安全舒适的驾驶室和座位。

（五）照明

64. 增加日光的利用并使作业者能看到室外景色（outside view）。

65. 当需要更多光线时，墙面和天花板要使用浅色。

66. 在走廊、楼梯、坡道和其他可能有人行走或者工作的地方提供照明。

67. 工作区照明均匀，使亮度的变化最小。

68. 为劳动者提供充足的照明，使他们在任何时候都能高效舒适地工作。

69. 为精密操作或检查工作提供局部照明。

70. 重新布置光源或者提供遮挡，消除直接和间接眩光。

71. 为那些需要近距离、注意力持续高度集中的工作任务，选择使视觉舒适的工作背景。

72. 清洁窗户并维护光源。

（六）厂房

73. 保护劳动者免受过热伤害。

74. 保护劳动者免受寒冷工作环境的伤害。

75. 隔离或隔绝热源或冷源。

76. 安装有效的局部排风装置，保证工作安全和效率。

77. 需要改进微小气候时，要充分利用自然通风。

78. 使用空调系统为劳动者提供有利于健康和舒适的微小气候。

79. 改进和维护通风系统，保证工作场所良好的空气质量。

80. 办公区应保持井然有序，以提高劳动者的工作效率和舒适度。

81. 提供足够的灭火器，放置在易取处，并确保劳动者会正确使用。

82. 循环利用废物，保证更好利用资源并保护环境。

83. 标记逃生通道并清除障碍物。

84. 制订疏散计划以确保安全、迅捷地从工作地点疏散。

（七）有害物质和有害因素

85. 隔离或者覆盖产生噪声的机械或其部件。

86. 定期维护工具和机械设备，降低噪声水平。

87. 确保噪声不干扰语言交流和听觉信号。

88. 减少振动对劳动者的影响，保障安全、健康和提高工作效率。

89. 选择绝缘和隔热良好的手持电动设备。

90. 确保设备和照明线路安全。

91. 对装有危险化学品的容器要贴上标签并适宜地储存，以便起到警示作用，并确保安全处置。

92. 保护劳动者免受化学物质的损害，确保劳动者安全、有效地工作。

93. 识别需要准入的密闭空间（confined spaces），并采取适当的措施使该空间能够安全进入和安全工作。

94. 通过尽量减少接触生物因素并隔离潜在的生物污染区，以保护劳动者免受生物因素的损害。

（八）辅助（福利）设施

95. 提供良好的更衣设施、盥洗设施和卫生设施，并做好维护，以确保良好的卫生和整洁。

96. 提供饮水设施和卫生的餐饮区，保证良好的工作绩效和健康。

97. 提供消除疲劳、恢复精力的休息设施。

98. 在工作场所提供易获取的急救设备和初级卫生保健设施。

99. 为劳动者提供一个聚会和培训的场所。

100. 工作场所需要佩戴个人防护用品的工作地点，应有清晰标识。

101. 提供安全有效的个人防护用品。

102. 通过合适的说明书、适合性试验和培训，确保正确使用个人防护用品。

103. 确保在需要的工作地点每位劳动者都使用个人防护用品。

104. 确保个人防护用品为劳动者所接受，并保持清洁和良好维护。

105. 为个人防护用品提供适宜的存放处。

106. 通过相关的劳动者的工作小组解决每天的工作问题。

107. 就改进工作时间的安排与劳动者磋商。

108. 改进劳动者工作台设计时，请相关劳动者参与。

（九）工作组织

109. 当生产发生变化并需要将工作改进得更安全、更易操作和更有效率时，与劳动者磋商。

110. 将劳动者自己工作的结果通报给他们，并进行奖励。

111. 培训劳动者各负其责，并为劳动者提供改进工作的方法。

112. 培训劳动者使其操作安全、有效。

113. 为使用计算机系统的劳动者提供最新技术的培训。

114. 在工作场所为劳动者提供易于交流和相互支持的机会。

115. 安排工作时考虑劳动者的技能和爱好，并为他们提供学习新技能的机会。

116. 组建工作小组，每个小组集体完成工作，并对工作结果负责。

117. 从长计议，改进那些难做和人们不喜欢的工作，提高生产效率。

118. 把工作任务整合起来做，使其更有趣、多样。

119. 在不同的工作台间设立一个存放半成品的小货架（缓冲货架）。

120. 落实责任，日扫日清。

121. 在需要持续精准的操作或使用计算机的工作期间，提供短暂而频繁的休息，提高生产效率，减轻疲劳。

122. 为劳动者提供体育锻炼的机会。

123. 在寻求和实施工作改进时，鼓励男性、女性劳动者均全员参与。

124. 帮助流动劳动者安全、有效地完成工作。

125. 为年轻劳动者安排负荷适宜的工作，使其融入团队，并提供充分的培训。

126. 使设施和设备适应残疾劳动者，以便他们能安全、有效地工作。

127. 对孕期和哺乳期女性劳动者的职业安全卫生给予特殊关注。

128. 采取措施使年长劳动者能安全、有效地工作。

129. 以“用户为中心法则”调整工作场所，使其适应劳动者的文化和相关爱好。

130. 作为职业安全健康管理系统的组成部分，经营者和劳动者共同开展与工效学相关的风险评估。

131. 制订应急救援计划，确保应急救援操作正确，应急设备获取便利，并且能迅速疏散劳动者。

132. 通过学习和借鉴本企业或者其他企业的范例改进工作场所。

三、工具包推广的创新做法

从2013年起，全国总工会原劳动保护部与中国疾控中心职业卫生所联合开展对国际劳工组织职业安全卫生防护“工具包”的适用性研究和推广应用的项目。职业安全卫生防护“工具包”已在我国各省广泛应用，帮助企业减少工作场所生产安全事故和工作相关疾病，提高工作效率、保护劳动者健康，取得了企业生产经营与职工权益保障双赢的显著成效。

（一）工效学检查表及其使用方法

工效学检查表及其使用过程中的主要步骤如下。

第一步：了解工作场所。有关问题可向管理人员询问，应了解主要产品及生产方法、劳动者（男、女）人数、工作时间（包括休息和超时工作），以及有关劳动的重要问题。

第二步：确定需要检查的工作区域。在与管理人员及其他关键人员磋商后，确定需要检查的工作区域。对小型企业，可检查全部工作区域。对较大型企业，可确定需要专门检查的区域。

第三步：初始巡视。使用检查表进行检查前，请先通读检查表，并用几分钟时间对工作区域进行巡视。

第四步：撰写检查结果。仔细阅读检查表的每一项内容，寻找采取措施的方法，必要时向管理人员或劳动者询问。如果已采取适当措施或不需要采取措施，请在“是否建议行动”中标记“否”；如果认为值得采取措施，请标记“是”；利用“备注”栏中的空白处，记述建议或应采取措施的位置。

第五步：选择优先采取措施的项目。在完成检查后，再检查一下标记“是”的检查项目。选择几个最重要的检查项，将这几个检查项标记为“优先采取措施”。

第六步：小组讨论检查结果。同参与巡视的其他人员一起讨论检查结果。按照使用检查表的检查结果，就现有做得好的地方和需要采取措施的地方取得一致意见。与管理人员和劳动者交流所建议的措施，并对这些措施的实施进行追踪。

将检查表中所选取的改进措施落实到行动中，特别需要强调以下几点：在管理人员和劳动者主动参与之下，确定需要立即制定的解决方案；采用小组工作模式，以有利于制订和实施切实可行的改进计划；充分利用各地已有的资料和专业队伍，获得最大效益；采取多方面行动，确保改进措施的可持续发展；需要制订持续的行动计划，使改进措施因地制宜、改进效果明显。

（二）工具包推广的创新做法

工会在推广工具包时，可以采用多种创新做法以提高推广效果。

1. 构建数字化平台

随着科技的不断发展，数字化平台已经成为工会推广工作的重要手段。工会可以利用官方网站、微信公众号、App 等渠道，发布工具包的相关信息、案例分享、操作指南等内容，提高职工对工具包的认知度和使用意愿。

2. 开展互动学习与竞赛

通过举办线上或线下的工具包知识竞赛、技能竞赛等活动，激发职工学习工具包的兴趣和热情。同时，可以设置奖励机制，对表现优秀的职工进行表彰和奖励，提高职工的参与度和积极性。

3. 定制化培训与指导

针对不同行业、不同企业的特点，工会可以定制化开展工具包培训与指导工作。通过邀请行业专家、安全顾问等为企业量身定制培训课程，提高培训的针对性和实用性。同时，可以为企业提供现场指导服务，帮助企业更好地理解和应用工具包。

4. 融入企业文化建设

将工具包推广与企业文化建设相结合，将安全、健康、环保等理念融入企业文化中，提高职工对工具包的认同感和接受度。可以通过组织主题班会、开展宣传活动等方式，将工具包的理念和内容传递给每一位职工。

5. 协同跨部门合作

工会可以与其他部门合作，共同推广工具包。例如，与安全生产部门合作开展安全检查活动，将工具包中的安全检查标准和方法应用于实际工作中；与人力资源部门合作开展职业健康培训活动，提高职工的职业健康意识和能力。

6. 利用社交媒体和短视频平台推广

工会可以利用社交媒体和短视频平台制作及传播有关工具包的短视频和帖子，通过生动的画面和有趣的讲解，让职工更容易理解和接受工具包的内容。

7. 引入外部资源参与

工会可以积极引入外部资源，如邀请安全领域的专家、学者或企业代表进行讲座、分享会等活动，为职工提供更加丰富、专业的工具包知识和经验。

8. 开发移动应用（App）

设计一款专门针对工会工具包的移动应用，提供工具包的详细介绍、使用指南、在线学习、问题解答等功能。通过 App 推送消息，提醒职工更新工具包、参加在线学习或参与相关活动。

9. 建立在线社区和论坛

创建一个在线社区或论坛，让职工可以在这里分享使用工具包的经验、提出问题和建议、交流心得。工会可以定期在论坛中发布相关话题，引导职工参与讨论，增加社区的活跃度和互动性。

10. 引入积分和奖励机制

在数字化平台上引入积分和奖励机制，鼓励职工积极学习、参与讨论和分享经验。职工可以通过完成学习任务、参与活动或分享经验等方式获得积分，积分可用于兑换奖品或享受其他优惠。

工会在推广工具包时，应充分利用各种资源和手段，采用多种创新做法，提高推广效果，为职工提供更加安全、健康、高效的工作环境。

第二节　工会开展“安康杯”竞赛的实践做法

一、什么是“安康杯”竞赛

“安康杯”竞赛活动是取“安全”和“健康”之意而设立的职业安全卫生工作荣誉奖杯。“安康杯”竞赛，顾名思义，就是把竞争机制、奖励机制、激励机制应用于安全生产和职业病防治活动的群众性“安全”和“健康”竞赛，它是社会主义劳动竞赛在安全生产和职业卫生领域中的具体实践和延伸。

“安康杯”竞赛活动是通过赛安全卫生管理、领导者的安全生产和职业病防治意识、职工安全卫生知识水平和能力、安全生产和职业卫生各项指标等方式，不断推进企事业单位的劳动安全卫生工作和安全文化建设，全面提高职工安全生产意识和应急处置能力，最终达到降低安全生产事故和职业病发病率的目的。“安康杯”竞赛包括健全的竞赛机构、规范的竞赛制度、丰富的群众性安全生产和职业病防治活动等内容。

二、“安康杯”竞赛活动的创新载体

开展“安康杯”竞赛活动，是企业落实安全生产法和保障职工权益的有效载体和品牌工程；是有效开展安全教育和“安康杯”竞赛活动对提高职工的安全操作技能，消除安全隐患，维护广大职工生命安全健康权益，促进企业安全生产和社会和谐进步的有效形式。当前科学技术日新月异，想要推动创新，新的创新载体至关重要，要与“安康杯”的自身特点相辅相成，相互推动。

（一）创新多样化的竞赛主题

“安康杯”竞赛活动的主题每年都会有所改变，并且在题目设计上力求多样化。除了传统的关于生产制造和工程设计，如机械制造、电子设备、家庭防火等安全问题，“安康杯”安全知识竞赛还关注其他领域的创新，如安全智慧城市、职工职业病医疗、环保节能等。这种多样化的竞赛主题，既能够满足参赛者的多元化需求，也能够拓展参赛者对于安全的认识。除了使参赛者能够清楚认识到在工作中遇到的生产制造安全问题，也能提高其对日常生活中安全隐患的防范意识以及对于职业病的预防意识。同时，多样化的竞赛主题也能够反映出我国经济社会的发展趋势和方向。近年来，随着互联网技术和移动通信技术的发展，互联网时代已经到来，在社会向注重经济型的社会逐渐转型中，民众的生活条件和工作环境都得到了进一步的提升，但同时先进机械、网络信息、家用电器等带来的安全问题也不可忽视。“安康杯”竞赛活动就是以解决现实中存在的安全问题为目标，将企业、学校、政府组织以及社会团体有机结合起来，通过开展各种形式的比赛来促进企业提高安全意识和员工安全素质。它不仅是一种具有较强操作性的竞赛模式，还是一项提升全社会安全意识和加强全民防范意识的重要举措。多样化的竞赛主题使其具备良好的参与性和可操作性，能够更好地调动各方面力量积极参与到这一工作中。

（二）多元化的参赛形式

“安康杯”安全知识竞赛采用线上加线下的参赛形式，设置了“安全隐患随手拍”现场陈述、线上安全知识竞赛等环节。“安全隐患随手拍”以图片为主要表现形式，选手在规定时间内将在一定区域内发现的安全隐患上传至官方网站（微信公众号），并写明安全隐患所在的时间地点，以及隐患分类，“现场陈述”是参赛选手，在现场就发现的安全隐患进行陈述，分析隐患有可能造成的伤害、产生隐患的原因以及就如何预防该种隐患的产生提出相对意见，陈述完毕后，由专家对答案做出评分；线上安全知识竞赛则是选手通过扫描官方二维码或在微信公众号等平台上对主办方设立的安全知识题库中的题目进行答题，每位选手进行答题的时间为 45 分钟，进入问卷答题时禁止设备切屏，共 80 道题目（其中 60 道为单项选择题，另外 20 道为多项选择题），题库题目构成建议为 25 道专项职业安全问题（单选题）+15 道日常生活安全问题（单选题）+10 道网络信息安全问题（单选题）+10 道职业病预防问题（单选题）+10 道专项职业安全问题（多选题）+10 道安全隐患排查问题（多选题）。根据三项综合得分高低确定优胜奖获得者，同时获得优秀组织奖以及奖金等奖励。选手还可以通过线上安全知识讨论环节与全国各地同行交流互动，学习先进工作经验，共同探讨企业如何更好地开展安全生产管理活动，在行业工作中有什么常见的安全隐患，进一步提升企业员工安全意识和防范能力，营造良好的社会舆论氛围。

1. 产学研结合的创新模式

“安康杯”竞赛活动倡导产学研结合，鼓励企业与高等院校、研究机构合作，通过与各大高校安全管理方向的专家进行合作，实现知识、技术和资源的共享，从多方面的意见方向出发实现更高质量的安全竞赛创新成果。将实践与学术相结合，促进学校、研究机构、企业相互促进，安全专家的指引，可以让“安康杯”大赛的举办更具有权威性；与企业现实问题相结合，更易于让广大企业员工通过参与竞赛真正地领悟贯彻安全问题的实质，从而在问题真正出现时能够从容不迫地处理，减少安全事故的发生。这种创新模式能够使竞赛活动更加贴近市场和行业的实际需求，也能够培养更多的高安全意识人才和安全创新型企业。

2. 创新赛事的组织方式

“安康杯”竞赛活动采取了一些创新的组织方式，如线上对接、创新加速、评审评选等，提高了赛事的效率和公正性。线上对接是赛前主办方宣发部门通过微信公众号等方式，在线上发布活动举行通告，并说明报名方式、报名条件、报名时限、报名要求、比赛的规章制度以及比赛流程，线上对接可以使参赛者更便捷地了解和参与赛事；创新加速可以帮助参赛者更快速地实现他们的创新想法，主办方公众号发布的推文末尾可附上意见反馈二维码，参赛选手可以通过扫描二维码，匿名提交关于赛事流程、赛事规章的意见和创新想法，主办方要广开言路，集思广益，认真听取广大群众意见，积极反馈，见贤思齐，对不足的方面进行改进；评审评选则能够更公正地评估参赛作品的质量和创新性，评委除了企业的高层管理人员以外，可以邀请安全方面的专家，促进产学结合的同时，安全专家也可以就安全问题提出更具权威性、更专业的建议。但是在这些创新形式背后还存在许多不足，如选手安全理论知识储备不足，竞赛所提供的知识资源少，选手之间交流机会少等问题。因此，为了更好地推动“安康杯”竞赛工作，需要对其进行进一步的改进和完善，可以加强“安康杯”竞赛的赛前宣传工作。安全知识与技能是“安康杯”竞赛中一项重要内容，由于该项目的复杂性以及竞赛项目本身具有很强的专业性，所以安全知识与技能培训显得尤为重要。可以结合“安康杯”竞赛要求和教学实际，参考政治学习平台“学习强国”，设计并开发出一套基于 Android 平台的安全知识与技能在线学习系统，企业员工需要定期完成安全学习任务，员工可以通过该平台随时随地进行安全知识线上学习，这就解决了“安康杯”安全竞赛无法长期让企业员工进行安全学习的问题。通过该平台，企业员工可以通过长期地在安全平台上学习获得大量安全知识，加强自己安全意识的同时也提高了“安康杯”竞赛活动的参赛质量；企业员工也可以在平台长期学习的过程中与全国各地的同行朋友进行交流，弥补了“安康杯”竞赛活动线上选手之间交流机会少的遗憾，也变相地加强了行业内部的规范性和协调性。

三、“安康杯”竞赛活动的创新内容

“安康杯”竞赛活动作为一项有着丰富历史和底蕴的全国性赛事，始终致力于广大职工安全健康权益保障。为了适应时代需求，“安康杯”竞赛活动采取了一系列创新内容，始终坚持以人为本、科学管理，强化竞赛主题，深化竞赛内容，贴近企业、贴近职工、贴近实际，在创新内容上不断增强竞赛的吸引力、凝聚力和创造力。

（一）找准竞赛的切入点

紧紧围绕安全生产任务目标，积极开展职工喜闻乐见的“安康杯”竞赛活动。可以以班组或企业建设为载体，赛前开展短期的员工安全知识普及工作，利用工前5分钟、每日一题、安全演讲比赛、轮值安全员等方式，提高职工的安全意识和防护技能；以“工人先锋号”创建为契机，激励职工围绕安全标准化建设，争创一流业绩、一流团队；以岗位安全练兵、安全技术比武为手段，促进职工练技能、学技术、提素质；以劳动模范、安全标兵评选为抓手，引导职工在安全生产实践工作中建功立业。

（二）加强竞赛过程管理

通过征求意见、检查考核和总结表彰等方式，抓好竞赛的事前、事中和事后控制。坚持以安全生产、日常安全、职业病预防为竞赛目标，以企业安全生产“急难险重”问题为主攻方向，细化竞赛内容，科学设置竞赛指标，并把竞赛活动纳入企业的绩效考核之中，加大比赛结果的奖励程度，增强比赛对员工的吸引力度，与其他工作同部署、同检查、同落实；对涉及生命安全和职业健康的职业病防护、事故隐患治理、职业病危害源等方面的内容，加强在竞赛中的涉及比例，要让员工对于职业病预防、事故隐患治理等方面重视起来。

（三）突出“安康杯”竞赛特点

扎实开展安全风险源辨识和安全隐患排查治理等活动（“安全隐患随手拍”），切实提升企业安全本质化水平，提高企业安全管理质量；认真组织劳动保护督察、群众性安全生产监督和群众性安全创新等活动，调动职工参与安全生产管理的积极性，进一步在职工心中植入安全文化与安全意识。

（四）注重竞赛效果，保证竞赛过程公平、公正、公开

通过安全管理专家调研指导、企业安全管理人员检查督促、企业高层责任考核、企业领导总结表彰等措施，保证竞赛流程完善，竞赛结果达到企业认可、职工信服的目标；竞赛奖励应坚持物质奖励和精神激励相结合，通过召开总结表彰会，表彰获得优胜奖的职工推广安全经验做法等方式，让获奖者有荣耀；通过给予物质奖励、晋升技能等级等方式，让获奖者得实惠；通过冠名表彰、颁发荣誉证书等方式，让获奖者在更深层次上体现价值，使其深切体会到自己的“成就感”和“荣誉感”，达到表彰一个、带动一片的激励效果，使得企业员工争相学习安全知识、安全文化，达到“安康杯”竞赛活动举办的初衷。

（五）构建长效机制制度具有长期性、稳定性和约束力

“安康杯”竞赛必须抓好制度建设，形成保障职工安全健康的长效机制。一是完善工作机制。要及时建立健全线上安全知识学习平台，保证“安康杯”竞赛活动结束了，但安全学习不断档、不放松。健全竞赛组织机构，明确企业领导任“安康杯”竞赛组委会主任，形成党政工团齐抓共管的竞赛格局；积极实施职工代表巡视安全和职代会保安全制度，发挥职代会在企业安全生产中的民主管理作用；建立健全厂、车间、班组三级劳动保护监督检查机构，明确工作内容、职责和程序，夯实安全管理基础。二是完善培训机制。建立健全技能晋升奖励制度，完善职工定期安全培训和新职工上岗前三级安全教育制度，严格执行安全人员持证上岗制度；完善职工安全评价考核体系，促进职工培训与岗位技能考核鉴定相衔接，与晋升技能等级和物质待遇相联系，与安全生产、经营管理工作相结合，实现人尽其才、物尽其用。三是完善激励机制。可以专门设立“安康杯”竞赛专项基金，除了用于“安康杯”竞赛的奖励，还可以通过安全生产月度考核、季度记功、年度表彰等方式，及时激励竞赛先进集体和先进个人；积极开展安全合理化建议征集和安全方面的技术革新、发明创造等群众性安全创新小改小革活动，定期表彰

安全创新成果；与评先树优活动相结合，对竞赛过程中取得突出成绩的先进集体和先进个人，授予竞赛先进单位、“工人先锋号”和竞赛先进个人、劳动模范等荣誉，激励职工自觉、主动参与“安康杯”竞赛活动，主动学习安全知识。

（六）狠抓职工安全教育

抓好职工的安全知识教育是工会组织“安康杯”竞赛活动的一个重要目标。要把职工安全教育作为职工宣传教育的重要内容，并与“十个一活动”“职业病宣传周”“安全生产活动月”等活动相结合，定期组织不同层次、不同形式的安全学习教育。同时，积极组织职工参加安全操作练兵比武，开展导师带徒、安全创意展示、应急演练等安全技能活动，不断提高职工履行岗位职责和有效防范事故的能力及水平。

（七）新《安全生产法》有关内容加入“安康杯”竞赛

新《安全生产法》既明确了工会的依法监督职能，也赋予了职工对安全生产进行民主管理和民主监督的权利，这也为“安康杯”竞赛活动的深入开展提供了有力支撑，体现了职工学习新《安全生产法》的重要性和必要性，对职工维护自身权力具有重要作用，同时，工会组织应充分调动和发挥职工代表、工会劳动保护监督检查员的作用，采取提案、建议、检举等方式，履行新《安全生产法》赋予的民主监督职能，保障职工的安全健康权益的有效落实。同时，各级工会组织要以“安康杯”竞赛活动为契机，进一步完善安全管理体制机制，抓好安全生产责任制的责任落实，加大对安全设施和安全措施方面的投入，不断改善安全生产作业环境和条件，努力提升本质化安全水平。

（八）协调推进

各方在安全管理、普及安全教育方面要通力合作，突出重点，不断扩大“安康杯”竞赛活动参赛范围。“安康杯”竞赛是一项系统工程，需要多方参与、齐抓共管才能奏效。中华全国总工会与应急管理部等部门要建立健全工作机制和制度，形成工作合力，参赛企业内部也要党政工团齐抓共管。针对当前安全生产工作中出现的突出问题和重点问题，及时调整“安康杯”竞赛活动重点，始终把煤矿、建筑等事故高发行业，农民工聚集企业及有毒有害等危害严重的企业作为“安康杯”竞赛活动的重点开展对象，采取各种激励方式和手段吸引这些行业和企业参加到活动中，从中选树安全先进典型，以点带面，全面推进安全生产工作。

（九）创新活动形式，扩大“安康杯”竞赛品牌效应

应充分发挥“安康杯”竞赛载体的作用，把职工培训教育、创建安全合格班组、企业安全文化建设等活动逐步纳入“安康杯”竞赛活动中，使“安康杯”竞赛活动内容更加丰富、充实，更具有活力和号召力。在认真总结活动经验的基础上，开展各种形式的安全文化活动，可以拍摄有关安全隐患防范的短视频、微电影，加强竞赛活动推广的同时，充实竞赛内容，使“安康杯”竞赛活动更具吸引力和趣味性、创造性。

（十）加强“安康杯”竞赛活动的信息交流和宣传报道

转变作风，深入实际。重视应用现代信息化手段，发挥互联网的作用，不断加强横向及纵向间的信息沟通、传递“安康杯”竞赛活动信息，快捷地指导“安康杯”竞赛工作。应加大宣传报道工作的力度，通过各种媒介宣传“安康杯”竞赛活动的好经验、好做法。加强对“安康杯”竞赛活动的引导。工会有关部门要经常组织人员深入企业了解“安康杯”竞赛活动开展的情况，帮助企业解决在开展活动中遇到的问题。继续加大省市间、产业间的全国“安康杯”竞赛活动的自查、互查和抽查力度，适时地开展相互间的学习、考察和交流。

四、“安康杯”竞赛活动的创新形式

“安康杯”竞赛活动通过有效的竞赛形式促进了劳动保护工作的开展，激发和调动了广大基层职工安全生产管理的积极性、主动性。应不断充实内涵，切实提高竞赛实效性，并从形式上作以下创新转变。

（一）向“智力型”转变

人才是资源，企业转型发展呼唤知识型、技能型、创新型职工队伍，也对“安康杯”大赛向“智力型”大赛转型提出必然要求。通过安全知识大赛、安全辩论赛、安全全能技术比武以及其他智力型“安康杯”比赛，努力创造尊重安全知识的安全人才、安全技术、创新的环境，鼓励员工从“让我平安无事”到“我要安全”的被动安全到主动安全的意识转变，推动员工不断提高安全意识，熟练掌握安全技能，增强劳动保护意识和劳动保护能力。同时，企业领导应在日常工作中指导员工在工作实践中寻找提高安全水平、降低职业危害的新途径、新技术、新途径。

（二）向“健康型”转变

健康素养是健康中国战略实施的基础，健康中国战略八个方面对促进健康中国建设有具体要求，已写入《国民经济和社会发展第十三个五年规划纲要》，其中包括“加强全民健康教育，提升健康素养”等内容。公民健康素养包括以下三方面内容：基本知识和理念、健康生活方式与行为、基本技能。建设生态型企业，打造安全环保健康的工作环境，减少职业病的产生，已成为现代职工追求的目标。“安康杯”竞赛是实现职工提高自身健康素养、提升幸福生活指数、提高职业病防治安全意识的重要途径。因此，“安康杯”竞赛活动应加大对提高职工健康素养与职业病预防意识等方面的竞赛力度。

（三）向“防护型”转变

预防是关键，加强“职业病危害普查和防控”，已被写入我国的《国民经济和社会发展第十三个五年规划纲要》。因此，职业病防治工作是“安康杯”竞赛的重要内容。“安康杯”竞赛要未雨绸缪，发挥源头参与作用，积极推动各级工会组织参与劳动保护、安全生产等制度的制定，及时与行政签订集体合同和劳动安全卫生专项集体合同。大力开展职业病防治工作的专项行动和职业病防治宣传教育活动，加大职业病检测、防护、防治力度，把学习职业卫生知识、增强职业卫生意识纳入企业安全文化建设之中，引导职工自觉参与安全生产、劳动保护的监督管理，不断提高职工的自我防范意识。

（四）向“创新型”转变

创新是企业安全健康可持续发展不竭的动力，新时代“安康杯”竞赛活动必须以安全技术和安全管理创新为核心，以“班组学习实验室”“劳模创新工作室”“高技能人才创新工作室”“技师工作室”为载体，通过定期评比、总结表彰、命名激励等方式，鼓励员工提安全合理化建议，创安全技术创新成果和总结先进安全操作法。

（五）向“效益型”转变

安全即效益，安全生产和企业经济效益相统一，为促进企业盈利，企业生产经营管理方式均要转向高效创新安全管理和企业经济利益统一性管理。“安康杯”竞赛要适应这一要求，必须围绕安全即提高效益这个中心，只有增强安全意识，才能提高工作效率，努力提高企业领导对安全生产和经济效益统一性的认识，强化员工安全生产意识，通过“安康杯”竞赛，培养员工养成健康向上的安全文化理念，使安全生产成为每个员工的自觉行动，有效地实现“健康效益就是真正意义上的安全生产”。

第三节 工会劳动保护监督检查的实践做法

一、签订劳动安全卫生专项集体合同

劳动安全卫生专项集体合同是指用人单位与本单位职工（或者工会代表职工与企业代表组织之间）根据法律、法规、规章的规定，通过就劳动安全卫生方面的内容进行集体协商签订的专项书面协议。该合同旨在保障职工的劳动安全和健康，减少职业病和工伤事故的发生，提高劳动者的工作环境和

条件。工会创新劳动安全卫生专项集体合同是一种重要的措施，旨在通过集体协商和合同形式，更好地保障职工在劳动过程中的安全与健康。

1. 引入数字化平台

利用现代科技手段，如云计算、大数据等，构建数字化平台，使工会和职工能够更方便地参与合同的起草、讨论和修订过程。这不仅可以提高协商效率，还能确保信息的及时性和准确性。

2. 强调预防为主

在合同中明确企业需采取的各项预防措施，如建立健全的安全生产责任制、定期进行安全检查和隐患排查、加强职工安全培训等。同时，要求企业制定应急预案，确保在发生安全事故时能够迅速有效地应对。

3. 关注特殊群体

针对女职工、未成年工等特殊群体，合同应特别关注他们的劳动安全卫生问题。例如，明确女职工在孕期、哺乳期等特殊时期的保护措施，以及未成年工的工作时间、工作强度等限制。

4. 强化民主参与

鼓励职工积极参与合同的制定过程，通过职工代表大会、工会小组会议等形式，收集职工的意见和建议。这样不仅可以确保合同内容更符合职工的实际需求，还能增强职工的归属感和凝聚力。

5. 引入第三方评估

在合同执行过程中，引入第三方评估机构对企业的安全生产状况进行评估和监督。这可以确保企业严格按照合同要求履行其责任，同时也能及时发现和解决存在的问题。

总之，工会创新劳动安全卫生专项集体合同是保障职工劳动安全卫生权益的重要手段。通过引入现代科技手段、强调预防为主、关注特殊群体、强化民主参与、引入第三方评估等措施，可以确保合同更加科学、合理和有效。

二、“一法三卡”工作法

“一法三卡”工作法是指在工会劳动保护监督检查工作中采用的重大事故隐患和职业危害监控法，以及安全检查提示卡、有毒有害化学物质信息卡、危险源点警示卡。

1. 什么是“一法”

“一法”即重大事故隐患和职业危害监控法，是指在生产（工作）区域内对事故隐患和职业危害作业点采取排查、评估、建档、立卡等措施，建立监督控制体系，促进隐患整改的群众性劳动保护方法。

2. 什么是“三卡”

“三卡”包括安全检查提示卡、有毒有害化学物质信息卡和危险源点警示卡。安全检查提示卡是一种作业现场安全检查主要内容提示卡，具有较强的针对性、适用性和操作性，解决了工会在安全生产检查中“查什么、怎么查”的问题。有毒有害化学物质信息卡是关于有毒有害化学物质的详细信息卡片。危险源点警示卡是对危险源点进行警示和提醒的卡片。

3. “一法三卡”创新运用

“一法三卡”工作法是现代安全生产管理的一项重要内容，是落实各级领导安全生产责任制和职工岗位责任制的重要措施，也是动员广大职工全员、全方位、全过程参与安全生产管理的群众性安全生产活动。例如，江苏省总工会和南京市总工会运用“一法三卡”，不仅以新的理念和新的方法规范了工会开展安全检查的主要标准和具体内容，具有很强的实用性和可操作性，而且也使工会对企业的安全生产监督与企业的安全生产管理有机结合起来，提高了对各类事故隐患的超前预防、监控和治理的效果。

三、“一函两书”工作法

“一函两书”工作法，全称为“一函两书”制度，是工会及相关单位为提醒用人单位落实好劳动法律法规，或纠正其违法劳动用工行为而适用相关文书的制度简称。这个制度的主要目的是通过协商方式将劳动关系矛盾纠纷化解在基层、化解在萌芽状态，从而保障劳动者的合法权益。

1. 什么是“一函”

“一函”即《工会劳动法律监督提示函》。是工会劳动法律监督委员会面向用人单位公开发布的函，用来提示提醒。

2. 什么是“两书”

“两书”即《工会劳动法律监督意见书》《工会劳动法律监督建议书》。《工会劳动法律监督意见书》提示沟通无效的，由所在地县级以上总工会向用人单位发出意见书，提出改正意见，可同时抄送同级检察机关，并移交相关线索材料，由检察机关依法启动法律监督程序。《工会劳动法律监督建议书》提示无正当理由未在限期内答复或拒不改正的，地方总工会向同级政府执法部门发出建议书，可同时抄送同级检察机关，并移交相关线索材料，由检察机关依法开展法律监督程序，支持工会代表劳动者提出的权益维护诉求。

3. “一函两书”主要做法

在实施“一函两书”工作法时，检察机关和工会会加强协作，对于发现的劳动用工违法线索，会及时会商并推动问题解决。特别是当涉及新就业形态劳动者和女性、未成年、残疾、老年劳动者等特定群体权益，或者涉及社保欠缴、拖欠农民工工资等群体性纠纷且用人单位不予配合时，县级以上总工会可以将相关线索材料移送检察机关，由检察机关依法启动法律监督程序。

此外，为了全面推行“一函两书”工作法，各级工会会加强劳动法律监督组织建设，并将劳动法律监督纳入年度工会干部培训内容。同时，还会加强与其他监督方式的衔接运用，如建立与法院、检察院、人社等单位的劳动法律监督协作联动机制，以形成合力，共同推动劳动法律法规的贯彻执行。

本讲思考

1. 什么是工具包？新时代工会组织基层企业推广工具包的创新做法有哪些？

2. 什么是“安康杯”竞赛？如何认识工会创新开展“安康杯”竞赛的载体、内容和形式？

3. 什么是劳动安全卫生专项集体合同？工会参与劳动安全卫生专项集体合同的创新做法有哪些？

4. 什么是“一法三卡”？工会应用推广“一法三卡”的创新做法有哪些？

5. 什么是“一函两书”？工会应用推广“一函两书”的创新做法有哪些？

附录一

中华全国总工会办公厅印发《关于加强工会劳动保护工作的意见》的通知

（总工办发〔2020〕19号）

各省、自治区、直辖市总工会，各全国产业工会：

《关于加强工会劳动保护工作的意见》已经中华全国总工会第十七届书记处第32次会议审议通过，现印发给你们，请结合实际抓好贯彻落实。

中华全国总工会办公厅

2020年11月11日

关于加强工会劳动保护工作的意见

工会劳动保护工作是法律赋予工会组织维护职工安全健康权益的一项重要职责，是工会工作的一项重要任务，在国家安全生产和职业病防治工作中发挥着重要作用。为进一步加强工会劳动保护工作，推动新时代工会劳动保护工作创新发展，切实维护职工安全健康权益，现提出以下意见。

一、深刻认识加强工会劳动保护工作的重要意义

党的十八大以来，习近平总书记高度重视安全生产工作，就安全生产发展理论、责任体系、深化改革、依法治理、科技创新、源头治理、应急救援等方面，作出了一系列重要讲话和指示批示。党的十九大明确指出要树立安

全发展理念，弘扬生命至上、安全第一的思想，健全公共安全体系，完善安全生产责任制，坚决遏制重特大安全事故，提升防灾救灾能力，把实施健康中国战略作为保障和改善民生的重要任务，为加强工会劳动保护工作进一步指明了方向，提出了要求。

加强工会劳动保护工作，是贯彻落实习近平总书记关于安全生产工作系列重要指示批示精神的应有之义，是促进企业安全发展的有效举措，是维护职工安全健康权益的必然要求，是团结动员广大职工为国家安全生产和职业病防治形势持续稳定好转建功立业的具体体现。新时代工会劳动保护工作只能加强，不能削弱；只能改进提高，不能停滞不前。各级工会要深刻领会习近平总书记关于安全生产工作系列重要指示批示精神，提高政治站位，从增强“四个意识”、坚定“四个自信”、做到“两个维护”的政治高度，充分认识做好工会劳动保护工作的重要性，以认真负责的态度和有力有效的措施切实把工会劳动保护工作抓紧抓实抓好。

二、准确把握工会劳动保护工作的总体要求

以习近平新时代中国特色社会主义思想为指导，全面落实党中央、国务院关于安全生产和职业病防治工作的重大决策部署，牢固树立以人为本、生命至上的安全发展理念，切实履行法律赋予工会组织的职责，有效维护职工的安全健康权益。充分发挥工会组织作用，不断深化以“安康杯”竞赛为载体的群众性安全生产和职业病防治活动，大力提升工会劳动保护监督检查水平，努力提高广大职工的安全意识和技能，团结动员广大职工为国家安全生产和职业病防治形势持续稳定好转建功立业。

三、积极推动事关职工安全健康权益法律法规和政策的制定和完善

（一）深入开展调查研究。针对工会劳动保护工作面临的新形势、新任

务、新情况和职工群众最关心、最关注的难点热点问题开展调查研究，深入分析问题产生的原因，提出有针对性、可操作的对策措施建议。通过各级人大和政协议案提案、参与同级政府联席会议、参与各级安全生产委员会等渠道，及时反映涉及职工安全健康的利益诉求，推动实际问题的解决。

（二）积极参与法律法规和政策的制定修改。积极参与安全生产、职业病防治、工伤保险、女职工劳动保护等事关职工安全健康权益的法律法规和政策的制定完善，提出工会主张，反映职工的意愿和合理诉求，切实从源头上维护职工合法权益。把基层在实践中创造出的可借鉴可复制的好经验好做法总结提炼出来，上升到法律法规政策层面，积极推动涉及职工安全健康权益的法律法规政策的不断完善。

四、督促企业做好安全生产和职业病防治工作

（一）督促企业落实主体责任。切实履行法律赋予工会的监督职责，督促企业贯彻落实安全生产相关法律法规，履行安全生产主体责任和企业全员安全生产责任制，执行安全生产规章制度和操作规程，加强现场安全管理和重大危险源监控，强化关键设施装置安全运行维护和落实安全防范措施。督促建立健全职业病防治责任制，采取职业病防治管理措施，采用有效的职业病防护设施。加大资金投入，实施安全生产和职业病防治教育培训计划，提高企业安全生产和职业病防治水平。

（二）落实职工在安全生产和职业病防治中的民主权利。督促企业充分发挥职代会作用，保障广大职工的知情权、参与权、表达权、监督权。在制定涉及职工安全健康合法权益的规章制度、确定涉及安全生产和职业病防治的重大事项时，要广泛征求职工意见，经过职代会审议通过。在开展劳动安全卫生集体协商、签订专项集体合同时，要与职工认真协商达成共识，经职代会审议通过。积极推动企业建立健全重大隐患治理情况向负有安全生产监督管理职责的部门和企业职代会“双报告”制度。

（三）参与安全生产监督检查。积极配合协助政府或企业开展安全生产和职业病防治监督检查，促进企业和职工增强安全意识，消除生产过程中的不安全因素。工会要主动监督、敢于监督、善于监督，对监督检查中发现的违章指挥、强令职工冒险作业、生产设备安全隐患突出、职工培训不足等危害职工安全健康权益的重大问题，要依法采取相应措施予以制止，并向政府相关部门反映，提出工会的处理意见，督促、跟踪企业及时整改。

（四）参加职工伤亡事故的调查处理。按照《工会法》《安全生产法》和《生产安全事故报告和调查处理条例》的规定，依法参加事故调查处理。在参加事故调查过程中，重点关注职工伤亡程度、抢险救援进展、受灾职工安置、职工是否获得工伤保险待遇等方面。要旗帜鲜明维护伤亡职工的合法权益，按照事故原因未查清不放过、责任人员未处理不放过、整改措施未落实不放过、有关人员未受到教育不放过的“四不放过”原则，提出工会组织的意见和建议。及时做好职工伤亡事故的信息上报和统计分析工作，研究事故发生规律，协助事故单位制定和改进工作措施，预防同类事故反复发生，保护更多职工免受伤害。

（五）参与监督“三同时”的实施。生产经营单位工会要督促本单位新建、改建或扩建的工程项目严格落实法律法规和标准规范，劳动安全卫生设施必须与主体工程同时设计、同时施工、同时投入生产和使用，对不符合“三同时”规定或安全卫生设施不达标的，要向有关部门反映，提出改进意见和建议，并督促整改。

五、切实提升职工的安全意识和安全技能

（一）加大宣传力度。积极配合政府或企业开展“安全生产月”、《职业病防治法》宣传周等活动，积极营造良好的安全生产和职业病防治氛围。充分利用宣传栏、职工书屋、工人文化宫等工会宣传阵地，通过网络、短视频等新媒体工具多角度、全方位向企业和广大职工宣传习近平总书记关于安全

生产和职业病防治的重要指示精神，宣传党中央、国务院关于安全生产和职业病防治的重大决策部署，宣传安全生产和职业病防治的法律法规和技术规范，引导企业和职工树立正确的安全价值观和行为准则，建设健康向上的安全文化。

（二）强化教育培训。督促和协助企业做好职工安全生产和职业病防治教育培训工作，落实新入职员工、车间班组、企业“三级”安全教育培训，特别是农民工上岗前的安全生产和职业病防治知识培训。充分发挥工会“大学校”作用，通过举办学习培训班、组织职工开展针对安全生产和职业病防治的“小发明、小创造、小革新、小设计、小建议”活动、探索开展职工劳动保护技能竞赛等形式，培养职工的安全意识和安全习惯，提高职工的事故防范、应急处置和自我保护能力，不断提升职工的安全技能和水平。

六、充分调动职工群众参与安全生产和职业病防治的积极性

（一）深入开展“安康杯”竞赛。进一步贯彻中华全国总工会、应急管理部、国家卫生健康委员会《关于进一步深化全国“安康杯”竞赛活动的指导意见》，深入研究和准确把握竞赛的特点和规律，创新竞赛活动的形式和内容，探索开展互联网 + “安康杯”竞赛活动方式，不断扩大竞赛活动的覆盖面。严格规范竞赛活动的评选、表彰和管理工作，提升竞赛活动的规范化水平，提高竞赛活动的质量和效果。把开展“安康杯”竞赛与工会组建、劳动和技能竞赛、创建劳动关系和谐企业活动等有机结合起来，相互促进、相得益彰，推动竞赛广泛深入持久开展。

（二）组织职工开展隐患排查治理。按照《中华全国总工会关于组织职工开展安全生产隐患排查治理工作的意见》的要求，充分调动广大职工的积极性和主动性，组织动员职工立足岗位开展隐患排查，把隐患当事故来对待，力争把事故隐患解决在萌芽状态。要建立安全生产奖励举报制度，公布举报电话，设立举报电子邮箱，畅通举报渠道，为广大职工参与举报生产事

故和严重职业危害提供便利。要认真受理举报的问题，保护举报人的合法权益，及时将举报内容向当地政府或该企业反映，对举报信息内容经核实属实的，依据事故隐患分级给予奖励，所需经费由各级工会从年度经费预算中列支。

（三）加强安全型班组建设。协助企业充分发挥班组在企业安全生产与职业病防治中的基础性作用，进一步完善和强化班组安全管理，逐步实现班组安全管理标准化、规范化、制度化，把“安全第一、预防为主、综合治理”的安全生产方针落实到班组，把班组打造成为安全生产和职业病防治的第一道防线。把安全型班组建设与建设“职工小家”和创建“工人先锋号”等活动紧密结合起来，切实提高班组安全建设水平。

（四）做好特殊条件、特殊环境下劳动保护工作。推动加强和规范高温、低温、有毒有害等特殊工作环境劳动者的职业健康保护，强化重点行业和工种职工劳动保护措施落实情况的监督检查。督促用人单位加强从业职工的健康监护，规范建立职业健康监护档案并定期评估，落实防暑降温、防寒保暖、劳动保护用品发放等措施。积极开展暑期“送清凉”活动，做好工会户外劳动者服务站点建设工作，细化服务项目，解决户外作业职工的实际困难。

七、加强和提供工会劳动保护工作的组织保障

（一）加强组织领导。各级工会要站在全局的高度，把进一步加强工会劳动保护工作摆上重要议事日程，制定工作规划，完善工作措施，加强监督检查，确保工作实效。主要负责同志要亲自谋划、亲自部署、亲自推动，统筹协调工会内外资源，在人、财、物等方面给予大力支持和保障，着力解决工会劳动保护工作中遇到的困难和问题，为做好工会劳动保护工作创造良好条件。

（二）注重队伍建设。切实加强工会劳动保护干部队伍建设，确保有专

门机构或专人负责工会劳动保护工作。加强对工会劳动保护干部的关心和培养，通过多种途径和方式加强对工会劳动保护干部的培训，提高工会劳动保护干部的政策理论水平和专业技术水平。进一步完善各级群众性安全监督检查队伍网络，注重对工会劳动保护监督检查员的管理考核、业务指导和定期培训，积极探索有效的激励机制，充分调动他们的积极性和主动性，做到敢监督、善监督。

（三）形成工作合力。积极争取党政支持，发挥好各方面的作用，寻求更多的资源和手段，为工会劳动保护工作创造良好的环境和条件。要从组织建设、民主管理、集体协商、法律工作、权益保障、经济技术、网络工作、资金投入、人才支持等多方面发力，形成齐抓共管的工作格局。要充分发挥产业工会熟悉产业、贴近企业和联系职工的优势，引导推动各级产业工会积极开展工会劳动保护工作。

（四）抓好典型示范引领。加强对工会劳动保护工作的指导，认真总结地方、产业和企业的典型经验，把在工作实践中创造出来的行之有效的、具有引领性的做法加以推广。充分发挥典型经验的示范引领作用，鼓励积极探索建立健全群众化、社会化、网络化的工作运行机制，积极运用“互联网 +”、大数据、区块链等新技术手段和购买社会服务方式开展工会劳动保护工作，提高工作的科学性和实效性。

各省（区市）总工会根据本意见，结合自身实际制定实施措施，贯彻落实情况及时报全国总工会。

附录二

中华全国总工会关于印发《工会劳动保护监督检查员管理办法》的通知

（总工发〔2011〕46号）

各省、自治区、直辖市总工会，各全国产业工会：

为进一步加强和规范工会劳动保护监督检查员管理，充分发挥工会劳动保护监督检查员作用，切实维护广大职工生命安全和身体健康权益，全国总工会修订了《工会劳动保护监督检查员管理办法》。现印发给你们，请认真贯彻落实。中华全国总工会1991年发布的《关于工会劳动保护监督检查员暂行管理办法》同时废止。

中华全国总工会

2011年5月24日

工会劳动保护监督检查员管理办法

第一章　总　则

第一条　为加强工会劳动保护监督检查员的管理，切实发挥工会劳动保护监督检查员在安全生产、职业病防治工作中的监督作用，根据国家劳动安全卫生法律法规有关规定和中华全国总工会颁发的《工会劳动保护监督检查员工作条例》，制定本办法。

第二条 工会劳动保护监督检查员是指具有较高的政策、业务水平，熟练掌握劳动安全卫生法律法规，经过劳动保护业务培训和考核，经由上级工会任命的从事工会劳动保护工作的人员。

第三条 工会劳动保护监督检查员依照国家劳动安全卫生法律法规和中华全国总工会的有关规定行使监督检查权利，通过各种途径和形式，组织开展群众性劳动安全卫生工作，反映职工群众在劳动安全卫生方面的意愿，履行维护职工生命安全和身体健康权益的基本职责。

第二章 职 责

第四条 学习党和国家的劳动安全卫生方针、政策，掌握劳动安全卫生法律、法规和技术标准、规范，钻研业务知识，研究、分析和掌握本地区、行业、企业的劳动安全卫生情况。

第五条 了解和掌握本地区或本行业内的企业劳动安全卫生技术措施制定、实施以及经费提取、使用情况。掌握重大安全隐患和严重职业危害情况，跟踪监督检查，督促其整改。特别重大隐患问题，应及时写出专题报告，报送本级政府及有关部门，督促落实。

第六条 为企业开展劳动安全卫生工作提供指导和服务。指导企业工会签订劳动安全卫生专项集体合同，并监督落实。

第七条 参加生产性建设工程项目职业安全卫生设施“三同时”的监督审查工作，对发现的问题，依照法律法规和标准规范提出改进意见。对于参加审查验收的工程项目，应整理专项材料归档，并对审查验收项目负责。

第八条 参加职工伤亡事故和其他严重危害职工健康事件的抢险救援和调查处理工作，对抢险救援、善后处理、调查处理等工作全过程进行监督，向有关部门提出处理意见和建议，并要求追究有关人员的责任。监督企事业单位落实防范和整改措施，整理事故调查材料并归档。

遵守伤亡事故调查处理工作纪律，严格执行廉洁自律的规定。

第九条　宣传职工在劳动安全卫生方面享有的权利与义务，教育职工遵章守纪，提高劳动者的职业安全卫生意识和自我保护能力。

第十条　加强对劳动保护工作相关信息、资料的收集和整理，及时向所在工会组织和任命机关报送。

第十一条　执行监督检查任务，应主动出示工会劳动保护监督检查员证件。对阻挠监督检查工作的单位和个人，有权要求有关部门严肃处理。

第三章　组织管理

第十二条　工会劳动保护监督检查员的任职条件和任命程序，按中华全国总工会颁发的《工会劳动保护监督检查员工作条例》执行。

省（区、市）总工会、全国产业工会劳动保护监督检查员由中华全国总工会审批任命。

地（市）总工会、省属产业工会的工会劳动保护监督检查员由省（区、市）总工会审批任命，报中华全国总工会备案。

县（区）总工会、地（市）产业工会的工会劳动保护监督检查员由地（市）总工会审批任命，报省（区、市）总工会备案。

乡镇（街道）工会、县（区）所属产业（系统）工会的工会劳动保护监督检查员，由县（区）总工会审批任命，报地（市）总工会备案。

第十三条　工会劳动保护监督检查员对所在工会组织和任命机关负责。根据工作需要，任命机关可选调工会劳动保护监督检查员代表上级工会参加安全检查、“三同时”审查验收和职工伤亡事故、职业病危害事件的调查处理等工作，其所在工会组织应给予支持。

第十四条　工会劳动保护监督检查员参加职工伤亡事故、职业病危害事件的抢险救援时，所代表的工会组织应为其配备必要的通讯、音像设备，提供及时赶赴现场的交通工具和工作经费。

第十五条　工会劳动保护监督检查员参加有毒有害、矿山井下等危险场所检查，以及企业伤亡事故、职业危害事件抢险救援和调查处理享受特殊津贴。津贴标准参照同级政府有关监管部门或纪检监察办案人员补贴标准执行，津贴由同级工会列支。

第十六条 工会劳动保护监督检查员队伍应保持相对稳定。确因工作需要调离岗位、退休、退职及新增的人员，需在每年 12 月前上报任命机关予以备案。

第十七条 工会劳动保护监督检查员的任命、考核等工作由任命机关负责，日常工作由所在工会组织负责。

任命机关每年对工会劳动保护监督检查员的工作实绩进行年度考核。年度考核表每年 12 月中旬上报任命机关。任命机关将考核结果于次年 1 月上旬反馈所在工会组织，供所在工会组织干部考核参考，记入任命机关管理档案。

对于做出优异成绩的工会劳动保护监督检查员，由任命机关予以通报表扬。

工会劳动保护监督检查员证件由中华全国总工会统一印制。

第十八条 对于不履行监督检查职责或不称职的工会劳动保护监督检查员，由任命机关免去其资格并收回证件。

第十九条 工会劳动保护监督检查员业务培训由任命机关负责。

第二十条 工会劳动保护监督检查员必须取得相应专业资格。专业资格的培训由任命机关或委托有关院校承办。

第二十一条 工会劳动保护监督检查员依照有关法律、法规规定行使监督检查职权受到不公正待遇的，任命机关应维护其合法权益。

第四章 附 则

第二十二条 县（区）以上总工会参照本办法制定本级工会劳动保护监督检查员管理办法实施细则。

第二十三条 本办法自颁发之日起执行，解释权属中华全国总工会。

参考文献

［1］任国友．工会参与职业病防治：职能、模式与路径［J］．中国劳动关系学院学报，2014，28（6）：29–32．

［2］孟燕华，任国友．职业安全卫生概论［M］．北京：中国工人出版社，2015．

［3］任国友．工会劳动保护监督检查员工作指南［M］．北京：中国工人出版社，2015．

［4］张恺源．我国劳动基准法立法研究［D］．南京：南京航空航天大学，2016．

［5］任国友．工会劳动保护工作实用全书（修订版）［M］．北京：中国工人出版社，2016．

［6］李玉赋．工会劳动和经济工作概论［M］．北京：中国工人出版社，2018．

［7］叶欢．劳动基准法的基本范畴和体系定位［J］．中国劳动关系学院学报，2020，34（1）：51–59．

［8］关怀．劳动法教程［M］．北京：法律出版社，2007．

［9］翟剑．把职工生命健康权放在首位，工会强化监督职责促进安全生产［J］．工会信息，2015（31）：26–28．

［10］张安顺．新编基层工会劳动保护与监督检查工作实务（第3版）［M］．北京：中国言实出版社，2019．

［11］中国安全生产科学研究院．安全生产管理［M］．北京：应急管理出版社，2020．

［12］广东省安全生产技术中心．生产安全事故调查处理工作指南［M］．广州：华南理工大学出版社，2016.

［13］吕淑然，王建国．安全生产事故调查与案例分析［M］．北京：化学工业出版社，2013.

［14］中国法制出版社．中华人民共和国安全生产法案例注释版（第五版）［M］．北京：中国法制出版社，2021.

［15］中华全国总工会．关于加强工会劳动保护工作的意见［S］．2021.

［16］王声．浅谈安全教育培训工作推动施工安全生产［J］．建材与装饰，2018（18）：199.

［17］中国安全生产科学技术研究院．安全生产管理［M］．北京：应急管理出版社，2022.

［18］李佳川．工会在促进企业班组建设中的实践与探索［J］．现代企业，2023（11）：131-133.

［19］史幼珩．SC航空重庆分公司班组建设研究［D］．重庆：西南大学，2023.

［20］黄浩．展现央企基层工会组织新担当［J］．工友，2023（7）：60.

［21］罗瑞．以“五心”工程建设模范职工之家［J］．当代电力文化，2023（6）：91.

［22］凝心聚力，在“双一流”建设中展现工会作为［N］．青岛日报，2023-06-02（005）.

［23］康建洲．推班组长走到前台，好！［J］．班组天地，2023（5）：44.

［24］王虹鹃．激活细胞创新平台——企业工会开展班组建设的做法与思考［J］．中国有色金属，2023（8）：62-63.

［25］徐良．农民工劳动和技能竞赛的现状分析与思考——以青海拉面行业职工职业技能大赛为例［J］．天津市工会管理干部学院学报，2023，40（1）：47-53.

［26］王会玲，王邦权．浅谈创新实施“三型”劳动竞赛在企业高质量发展中的赋能作用［J］．天津市工会管理干部学院学报，2022，39（4）：40-45.

［27］张鑫．深入开展劳动和技能竞赛，推动企事业单位高质量发展的调查研究［J］．包头职业技术学院学报，2021，22（3）：53–55+59．

［28］刘颖．发挥产业工会优势 开展职工技能竞赛——河北省唐山市财贸金融工会的调查［J］．工会信息，2020（21）：22–24．

［29］范亚文．新发展理念下北京市“十三五”时期劳动和技能竞赛实践与思考［J］．工会博览，2020（24）：27–29．

［30］杨帆．新形势下开展企业劳动竞赛的探索与思考［J］．工友，2019（11）：42–43．

［31］张一凡，付路，李为，等．实施农民工职业人群的职业卫生宣传教育工作的思考［J］．职业与健康，2005（2）：201–202．

［32］赵媛．石化企业职业卫生培训管理探讨［J］．中国石油和化工标准与质量，2022，42（8）：87–89．

［33］马春英．对工会参与职业病防治工作的思考［J］．现代企业文化，2016（12）：20–30．

［34］黄小丹，朱志良．我国职业病防护设施“三同时”工作70年［J］．实用预防医学，2021，28（12）：1411–1414．

［35］梁晓姝．新《工伤保险条例》亮点浅析［J］．农场经济管理，2015（7）：32–33．

［36］贾丹．国企工会参与工伤维权的法律问题研究［D］．太原：山西大学，2018．

［37］向德荣．充分发挥工会在推动《工伤保险条例》贯彻落实中的作用［J］．中国工运，2004（3）：23–24．

［38］丁永晖．对新工伤保险条例的亮点解读［J］．人才资源开发，2019（20）：29–30．

［39］张敏，鲁洋．《工效学检查要点》在中国的推广应用（2）工效学检查表及其使用方法［J］．劳动保护，2014（4）：109–111．

［40］国际劳工组织．工效学检查要点：改善职业安全卫生和工作条件 提高

劳动生产率实用“工具包”（第 2 版）[M]. 张敏，译. 北京：中国工人出版社，2014.

[41] 陈克祥. 创新“安康杯”竞赛活动 [J]. 冶金企业文化，2017（2）：58.

[42] 张崇坤. 论企业开展“安康杯”竞赛活动的新内涵和新思路 [J]. 山东工会论坛，2015，21（4）：22–24.

[43] 邢承木. “安康杯”竞赛要实现“五个转变”[J]. 劳动保护，2016（7）：51.

[44] 宁夏吴忠市利通区总工会. 吴忠市利通区总工会“一函两书”工作机制助推企业民主管理 [J]. 工会信息，2013（8）：45.

图书在版编目（CIP）数据

工会劳动保护工作十讲 / 任国友主编. -- 北京 : 中国工人出版社, 2024. 9. -- ISBN 978-7-5008-8072-1

Ⅰ. D412.64

中国国家版本馆CIP数据核字第20243BJ382号

工会劳动保护工作十讲

出 版 人	董　宽
责任编辑	时秀晶
责任校对	张　彦
责任印制	栾征宇
出版发行	中国工人出版社
地　　址	北京市东城区鼓楼外大街45号　邮编：100120
网　　址	http://www.wp-china.com
电　　话	（010）62005043（总编室）
	（010）62005039（印制管理中心）
	（010）62379038（职工教育编辑室）
发行热线	（010）82029051　62383056
经　　销	各地书店
印　　刷	北京印刷集团有限责任公司
开　　本	710毫米×1000毫米　1/16
印　　张	14.5
字　　数	200千字
版　　次	2024年12月第1版　2024年12月第1次印刷
定　　价	45.00元

本书如有破损、缺页、装订错误，请与本社印制管理中心联系更换